受泽集

慕津锋 著

中国言实出版社

图书在版编目（CIP）数据

受泽集：我遇见的那些时代名家 / 慕津锋著.
北京：中国言实出版社，2024.12. -- ISBN 978-7
-5171-5034-3

Ⅰ. K820.7

中国国家版本馆CIP数据核字第20257WN104号

受泽集：我遇见的那些时代名家

责任编辑：张国旗
责任校对：宫媛媛

出版发行：中国言实出版社

地　址：北京市朝阳区北苑路180号加利大厦5号楼105室
邮　编：100101
编辑部：北京市海淀区花园北路35号院9号楼302室
邮　编：100083
电　话：010-64924853（总编室）　010-64924716（发行部）
网　址：www.zgyscbs.cn　电子邮箱：zgyscbs@263.net

经　　销：新华书店
印　　刷：北京铭传印刷有限公司
版　　次：2025年2月第1版　2025年2月第1次印刷
规　　格：880毫米×1230毫米　1/32　7.75印张
字　　数：197千字

定　　价：68.00元
书　　号：ISBN 978-7-5171-5034-3

爱泽集

百五岁眀又

马识途

因为征集工作，我"结识"了一些老人，有的见过，有的未曾见过；因为他们，我渐渐开始喜欢上写作，喜欢去看、去想，去感受这个世界。这些文章都是受他们影响写下的……

◎2021年7月1日，中国共产党成立100周年时，马识途在锦绣花坛前留影

◎2023年10月，作者拜访马识途（右），奉上新书《马识途：跋涉百年依旧少年》请马老过目

◎周有光（左）与马识途（右）合影

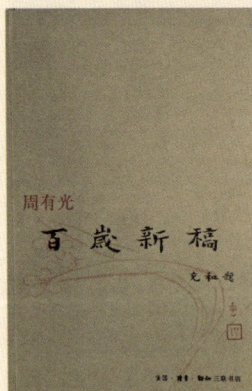

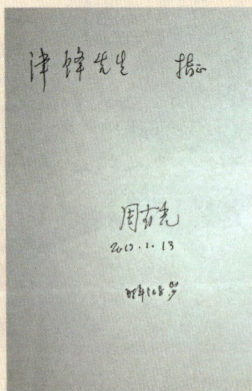

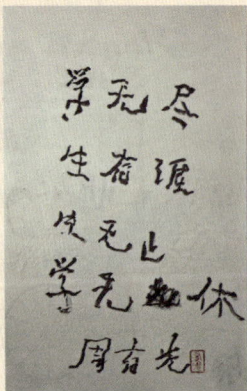

◎周有光著作与题词

◎杨绛（右）与作者合影

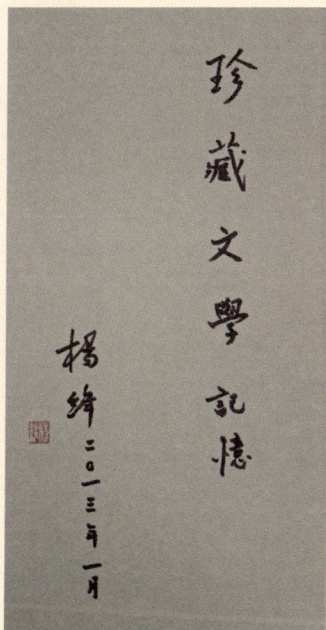

珍藏文學記憶

楊絳 二〇一三年 一月

◎杨绛题词

◎ 郭汉城留影

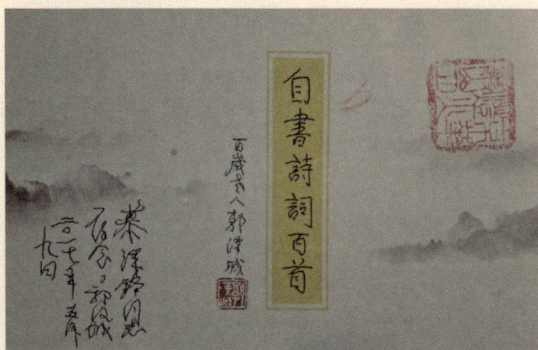

自書詩詞百首

百嵗老人郭漢城

蒼浮錦日思石谷之郭漢城
二〇一七年五月九日

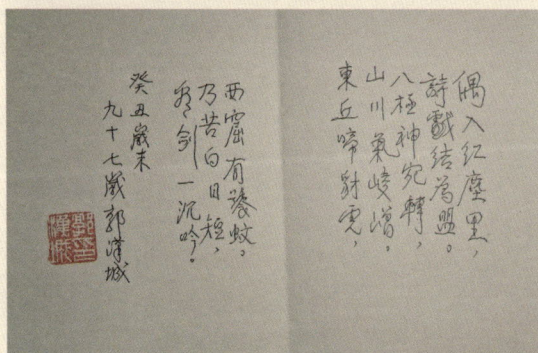

偶入紅塵里，
詩戲結扃題。
八柾神宛轉，
山川氣崚嶒，
東丘嶂射雯，

西窗有諸蚊，
乃苦白日短，
秀劍一沉吟。

癸丑嵗末
九十七嵗郭漢城

◎ 郭汉城题词

外 国 文 学 研 究

振宁先生：

　　前年承蒙在石溪接见，归来
写成文章，尚未定稿。摘出四章呈政，
希望抽时间过目，改正和批评。

　　我的通信处是　武昌 东湖
路20号4门2楼一号。

　　麻烦你，谢谢你，也很想
念你，祝你

捷报频传！

徐先生：谢谢你特地远道来访的好意。

　　我字在冷场了去春 如往委请征用

老丰过目 王镇

徐迟
86年6月9日

杨振宁

◎徐迟致杨振宁信件（中国现代文学馆收藏）

◎王火留影

◎王火、凌起凤夫妇年轻时的照片

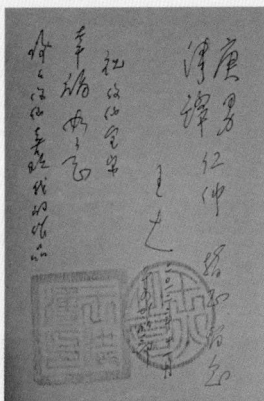

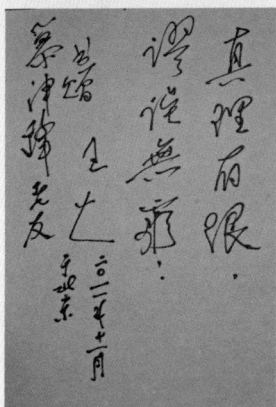

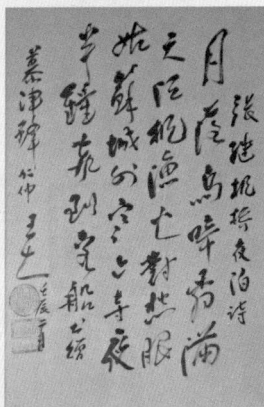

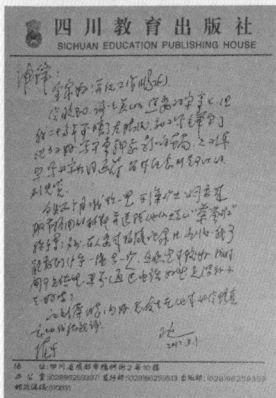

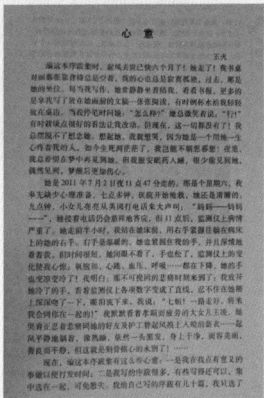

◎王火部分题词、出版作品

◎2011年1月11日，宗璞（中）与中国现代文学馆征集编目部主任刘屏（左）、作者（右）合影

◎金庸留影

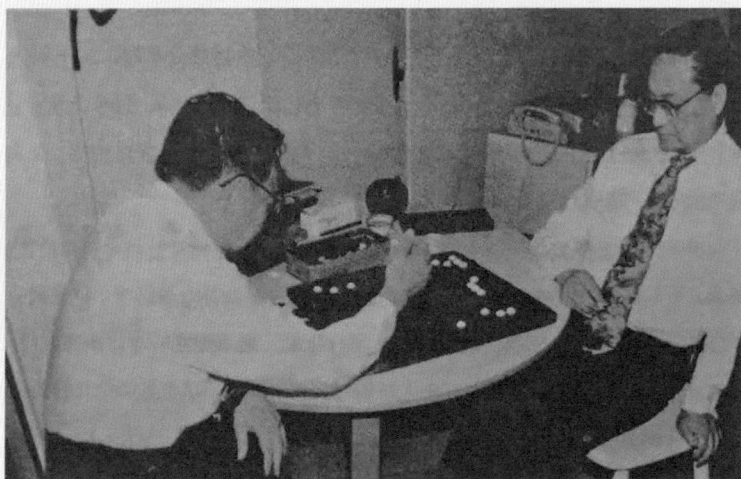

◎金庸（右）与梁羽生（左）下棋

文汇医生：

久未通问致候，常思悬念。

飛雪連天射白鹿

笑書神俠倚碧鴛

金庸

童良镛（明报社长）

◎金庸部分书信、题词

◎屠岸留影

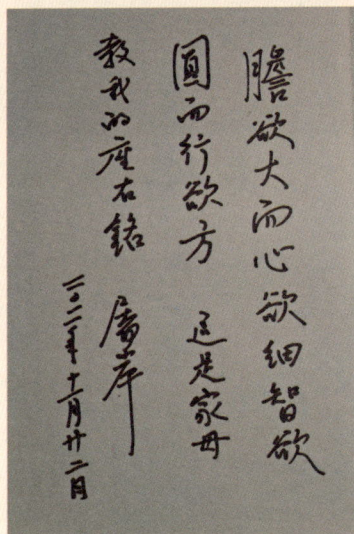

膽欲大而心欲細智欲
圓而行欲方 这是家母
教我的座右铭 屠岸

二〇三年十二月廿二月

◎屠岸题词

◎冯其庸留影

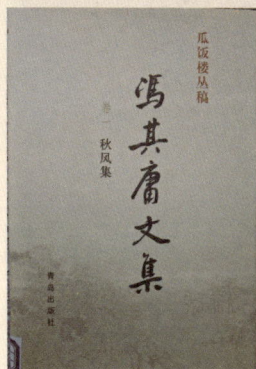

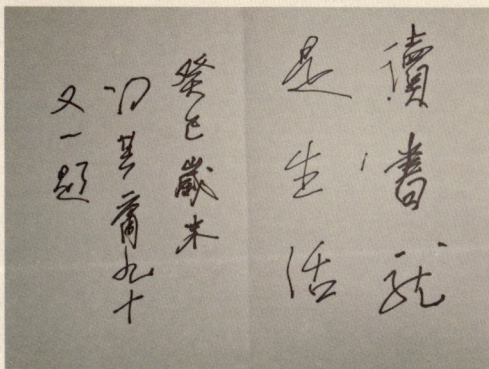

◎冯其庸著作与题词

◎锺叔河留影

◎严家炎受访时的照片

◎严家炎（前）与作者合影

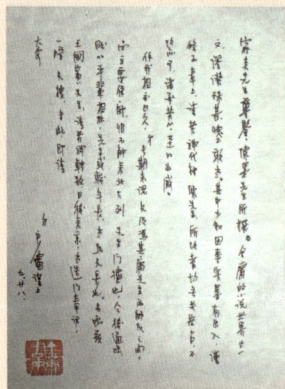

◎金庸致严家炎书信、《严家炎全集》

◎流沙河留影

◎薛范（右）与作者合影

◎王余杞在北平（1935 年）

◎王余杞（后左一）和上海救亡演剧队一队部分队员合影

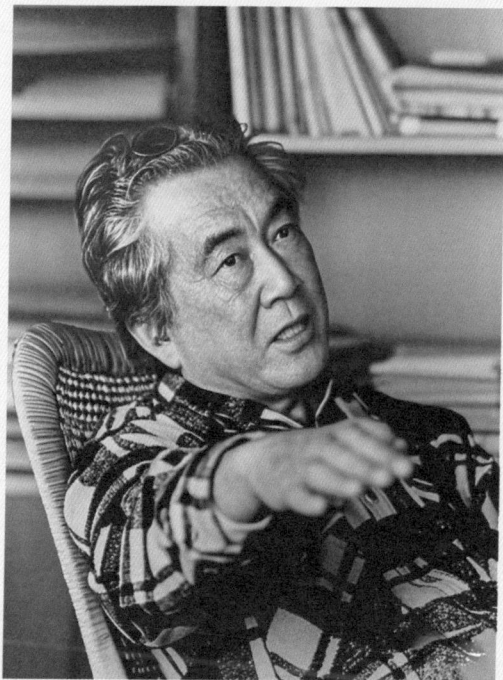

档案是历史
的脚印
叶永烈
二0一一,十一,廿三
北京

◎叶永烈题词

◎陈映真留影

◎凌力留影

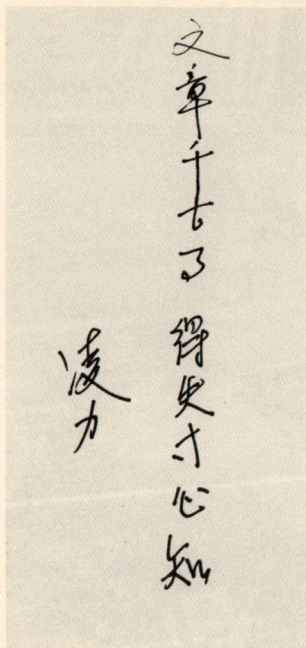

文章千古事 得失寸心知

凌力

◎凌力题词

◎罗孚留影

◎萧逸（左）与作者合影

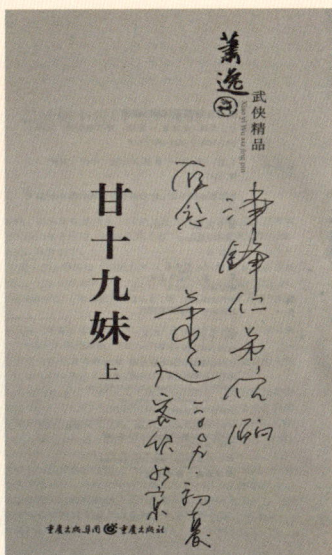
◎萧逸为作者赠书题词

◎温瑞安（右）与作者合影

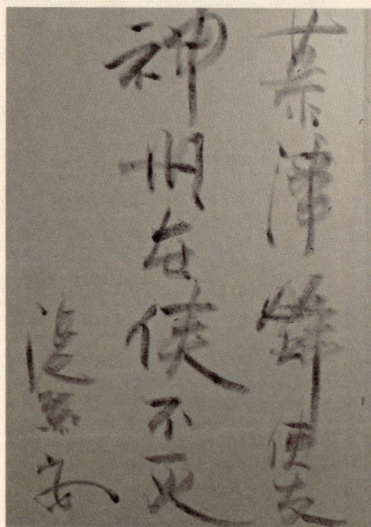

◎温瑞安为作者题词

◎陈子善留影

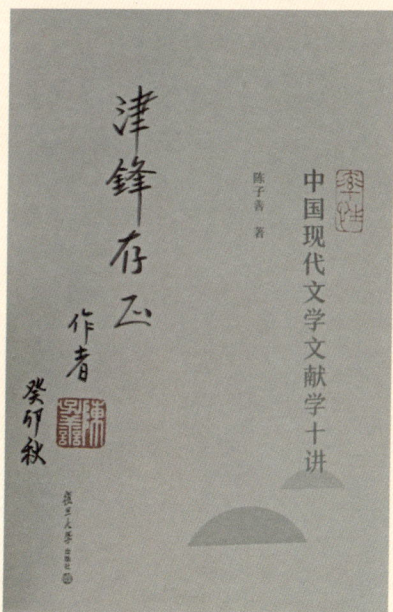

◎陈子善为作者赠书题词

自 序

时间过得真快，一转眼自己在中国现代文学馆从事征集工作已经 20 多年了。在这里，我主要负责联系国内外从事华文创作的作家及其家属，征集作家的相关文学资料，包括手稿、书信、著作、藏书、日记、笔记、照片、字画、音视频电子资料等。

在这 20 多年的岁月中，我从"小慕"慢慢变成了"慕老师""老慕"，从一个文学读者变成了一个喜爱爬格子的人，更有幸结识了近千位遍及海内外的作家，他们中有的是我的邻居，有的是我读书时便喜爱的作家，有的是我在征集旅途中偶遇的写作人。在这之中，有一些作家给我留下了极为深刻的印象，譬如"文坛常青树"马识途，"汉语拼音之父"周有光，中国戏曲理论大师郭汉城，红学大师冯其庸，著名诗人流沙河，著名作家、翻译家杨绛，文学理论大家、北大知名教授严家炎，著名作家、编辑家王火，"敢为天下先"的编辑家锺叔河，等等。在与他们的交往中，他们的人品与文品让我尊重、钦佩。这些名家历经人生的春夏秋冬，饱览人世的风景，遍尝生命的百味，他们对生活、对文学一直充满着深情，他们拥有很多人一生可能都无法体验的独特精神财富。他们的人生经历告诉我，无论岁月如何流转，我们都要保持一颗热爱生活、追求梦想的心。随着时间推移，我和其中的一些老作家更是逐渐成了忘年之交，他们对我的成长、文学写作产生了极大影响，他们的智慧、热情与坚韧让我记忆深刻，他们的故事和经历让我看到了人性的光辉，也让我更加深刻地理解了生命的意义。正因为有了他们，我才一步一步走入文学世界，才有机会写下书中这些记录他们的文字。

在中国现当代文学的百年历史中，这些时代名家如繁星一般用自己的作品照亮了喜爱文学的读者的天空。他们以自己独特的文字、独有的情感，记录下其所走过的人生旅途中的风景，为中国文学书写出丰富多彩的故事篇章。他们的很多作品都已成为读者人生旅程中的一盏明灯，照亮他们前行的道路，启迪他们的心灵，让他们感受到文学的美与力量，让他们更加热爱生活，更加珍惜身边的每一个人和每一件事。

书中的文字源于我对这些名家的敬仰和对他们作品的热爱。我希望能用自己手中的笔，写出与这些名家交往中让我感动的瞬间，为大家展示他们在生活中可爱、可亲、可敬的一面，进而引起读者对他们的关注、对中国文学的关注以及对人生的思考。我自知文笔欠佳，但我的情感却是真挚的，我希望当你翻开这本书的那一刻，会被书中所记录的故事打动。

对这本书，我多年前便取名为"受泽集"，我在定好这个名字后，很想请时年105岁高龄的马识途老先生为我题写书名，来沾沾这位百岁老人的福气，为该书加持一下。2024年1月13日，马老在成都迎来了自己的110岁寿诞。如果严格从作家角度而言，放眼整个世界文坛，马老是我所知道的最年长的作家。我原本想着，如果今年该书能顺利出版，那我就将它作为我的一份小小"寿礼"敬献给马老。正当我紧锣密鼓筹备此书时，2024年3月28日晚上，马老在成都永远地离开了我们。马老是我最为敬重的作家之一，他在我心中就是一座万仞高山，让我仰望。我和马老相识25年，马老教会了我很多，无论是做人还是作文，我深受马老的影响。本书收录了21篇文章，涉及多位名家，在排序时我考虑大致以人物的岁数为序。由于马老对我的影响颇深，且马老为本书题写书名，特将有关马老的文章置于最前。

在我看来，这本书不仅仅是一本文学作品，其实更是我对自己过去征集岁月的一份怀念和致敬，它是我对文学热爱与追逐的见证者。

我深知自己在文学领域的浅薄，但我对文学充满着梦想，我相信这梦想会陪伴我一生。我希望能够通过这本书，将这些老作家的故事和作品，还有我在文学之路上的所思所想分享给更多的人。

最后，我希望读者朋友能够从这本书中有所受益，感受到文学的力量和人生的美好。

慕津锋

2024 年 10 月

目录

我与"文坛常青树"马识途的交往

2024年1月13日，马老迎来了自己的第110个生日，放眼中国文坛乃至世界文坛，作家能如此高寿，在我的认知里，马老应该是唯一一位。这个纪录恐怕也是前无古人，我想唯一能打破这个纪录的，只有马老自己。

我最近一次见到马老是2023年10月15日上午，在他家中。这次到成都，我是带着自己在中国言实出版社出版的新作《马识途：跋涉百年依旧少年》来拜访老人的。

时间过得真快，一晃，我和马老已经有五年未见。上次来看望马老，还是2018年11月23日的晚上，那次我是专门来成都归还马老书法作品的。当我走进马老书房时，马老正在认真地看着《新闻联播》。马老的女儿万梅老师、儿子建生老师把我带到马老面前后，我俯下身对马老说："马老，您好！我这次是来还您的书法作品的。您这次在中国现代文学馆举办的展览很成功，很多新闻媒体都做了报道，义卖的成果也很好。"马老一看是我来了，非常高兴，拉着我的手表示欢迎，并表达了对中国作协和中国现代文学馆举办这次展览的感谢。我知道马老生活很规律，那次没敢太过耽搁，便和马老匆匆告别。我以为自己会很快再来成都，谁知道再次见面竟需要5年的时间。

2023年10月15日，我按照和马老约好的时间来到他位于成都西郊的家中时，发现这里的一切都没什么变化，一切都还是那么熟悉。马老早早便在书房等着我们，当万梅老师把我和宫老师等人带进书房时，马老正坐在书桌旁低头看着什么。我快步走到马老身边，低下头附在马老的耳边，激动地大声问候道："马老，我是小慕，中国现代文学馆的慕津锋，我今天来看您了。"马老抬起头，看着我，万梅老师让我再大声说一遍，今年马老听力有些下降。当我再次大声问候马老时，马老认出了我，笑着拉住我的手说："小慕，你来了，我们很多年不见了。我今天一直在等你来，快坐到我身边来。"马老和5年前一样，还是那样精神，说话依旧底气很足，他的手还是那样厚实、温暖。我赶忙向马老介绍了他的两位粉丝，马老热情地和他们打着招呼。

我们坐在马老旁边，马老拉着我的手开心地和我攀谈起来。我首先向马老汇报，我这次来成都是为了参加中国言实出版社在阿来书房举办的《马识途：跋涉百年依旧少年》新书发布会，说到这儿我连忙从书包中取出这本新书递给马老，马老很认真地翻看起来。马老边看边说："小慕，这几年你给我写了好几本书，很感谢你。""马老，我要感谢您！谢谢您的信任与支持！您的一生太精彩了，能写您是我的福气！就是我的水平有限，还请您多多批评、指正！"马老看了一会儿，把书放在书桌上，说："我现在眼睛不行了，看不太清楚，有时间我要拿放大镜好好看。"说完，马老转身特意拉开他后面的一个小抽屉，从里面取出一本书，我定睛一看是我2022年6月为马老编的《老马识途说》。马老翻开这本书，对我讲："小慕，你为我编的这本书编得很不错，我很喜欢，我一直珍藏着这本，也送给了一些朋友。谢谢你！"听到马老这样评价，我还是很有些小小激动的，能得到马老的认可，我想是对我编这本书的最大褒奖。

在交谈中，我向马老表达了中国现代文学馆领导对他的问候与祝福，并表示2024年文学馆很想为马老110岁再做些事情，如果有机会希望能在北京为他再办一次展览。马老听了很高兴，他说自己很多年没去北京了，很想念北京的那些老朋友，5年过去，又有一些老朋友走了，剩下的不多了，如果有可能，他很想和他们再见见面、说说话、叙叙旧。

是啊，马老早年那些从事地下革命工作的战友、西南联大的同学，活到现在都几乎是百岁左右的老人了，他们都是为中国革命、新中国的建设做出过巨大牺牲与贡献的老一辈革命者、建设者、改革者、创新者。每个人背后都是一段精彩的中国故事。

如果2024年中国现代文学馆能为马老再办一次展览，这在文学馆的历史上也是一项新的纪录。2005年，文学馆为马老举办了"马识途九十岁书法展"；2014年，举办了"马识途百岁书法展"；2018年10月10日，举办了"马识途书法展"。三次展览，马老都亲自从成都来到北京，尤其是后两次在中国文学史上应是一项极为罕见的"壮举"。

我对马老说："马老，您要多注意身体！身体好时，您就多写一些好字，咱们这次书法展好好给喜爱您的读者观众展示一下。"马老听后高兴地表示同意："我现在身体还是可以，看来我还是要活上一段时间的，我要好好锻炼，好好写字，好好学习，跟老朋友们多见见面。"

那天，我们聊得很是开心，想到马老应该多休息，我们一行也不敢耽误他太长时间，便起身告别。临走时，我和马老约定2024年还要再相见。

在回住处的路上，我一直在想如何能把 2024 年马老这次 110 岁书法展办好的事。我相信这次展览一定会在中国文学史上留下属于它的印记。马老 5 岁开始书法启蒙，他主习汉碑、隶书，到现在已 105 年。马老的隶书历经百年，老辣苍劲、独具魅力，而且他还常有独具匠心的变体，让人看后，不禁为他深厚的书法造诣深深折服。但在 2018 年书法展览的《告白》这幅作品中，马老则谦虚地写道："余自幼学隶书，临摹汉碑及诸名帖，惜终未悟其神韵……"

我到现在还记得 2018 年那次书法展上发生的一些令人记忆深刻的故事。

2018 年 8 月，为了顺利举办"马识途书法展"，马老亲自在成都家中挑选了 160 幅书法作品。其后，马老便电话联系我，希望我能尽快到成都帮他再看看挑选的作品是否合适。我很快便将手头工作处理完毕，匆匆前往成都拜会马老。

8 月 22 日上午，当我走进马老位于成都西郊的新居客厅时，发现这里跟指挥街旧居很是相似。我在客厅刚刚坐下不久，马老便笑着走了进来。两年未见，马老看上去消瘦了许多，我知道他年初病了一场，但现在看上去恢复得还不错。看到马老，我赶忙起身上前，轻轻地握着马老的手说："马老，您好！两年没见，您的身体和精神还是那么好。中国作协和中国现代文学馆的领导都极为重视您的这次展览，领导特地委派我来取您的书法作品，并想听听您对这次书法展还有什么想法和要求。"马老还像以前一样，边握手边拍着我的肩膀说："小慕，欢迎你！这次又让中国作协领导费心喽，这么热的天，让你受苦从北京跑一趟，我这几天一直在等着你来。"马老边说边拉着我的手走到他的书桌旁，马老示意我坐在他的身边。坐下后，马老转身拿出一大盒早已准备好的书法作品，让我帮他一起参谋参谋。就这样，我陪着马老一幅一幅地看。马老认真地跟我讲每一幅书法作品的内容和他写这幅字、选这幅字的原因。

譬如在挑到《小南海僧舍题壁》时，马老专门一字一句地给我全文念读了一遍：

> 我来自海之角兮天之涯，浪迹江湖兮随处为家。
> 韬光养晦兮人莫我识，风云际会兮待时而发。

而后，马老告诉我，这是他 1940 年在湖北恩施从事地下党工作时，在四川黔江（今重庆市黔江区）与湖北咸丰交界处一个叫朝阳湖的湖心岛古寺中作的一首诗，当时他诗兴大发，挥毫泼墨写在了古寺墙上。当时已有 78 年，真是弹指一挥间换了人间。这首自创诗，马老一直非常喜欢。

当挑到《勿忘初心　牢记使命》这幅书法作品时，马老表情变得非常严肃，他郑重地说道："小慕，这幅书法是我非常看重的。这是我们党的总书记讲的很重要的一句话。作为一名老党员，当第一次看到习近平总书记这句话时，我很有感触。我是一名有 80 年党龄的老党员。1938 年，我在武汉经钱瑛介绍入党。此后风风雨雨几十年，我从未忘记自己入党时的誓词和初衷。习近平总书记是我非常敬佩的领导人。党的十八大之后，他带领我们党做了很多事情，很得民心、党心，我们党赢得了全国人民的信任，这很了不起！"说到这儿，马老竖起了大拇指。

随后，他接着说："他的这句话说得好啊！我们党当年为什么要创立？为什么我们能从一个小党成为最后的执政党？为什么我们能从最初的几十个党员发展到现在拥有 8000 多万党员？为什么我们的国家能取得现在的成绩？为什么我们党在十八大之后敢于反腐并赢得民心？我想习近平总书记的这句话说明了一切。虽然这次是我个人的书法展，但我想我首先是个中国共产党党员，我必须旗帜鲜明地表明我的这个态度。"

听到马老这么讲，我当时内心很受震动。我真没想到这位老人，对于书法展，首先想到的不是展示自己的诗作，也不是展示那些经典的诗词，而是我们党的总书记的讲话。对于这次展览，老人竟是如此地看重自己的党员身份与党员责任。

那天，我听着马老的讲述，很是感动。虽已百岁，但从这些作品内容来看，马老依旧密切关注着天下之事，他用笔墨，表达着自己的所思、所想、所感、所愿。

回到北京后，我开始投入紧张而繁忙的布展工作中。10月3日晚11点左右，马老在家人的陪伴下坐着高铁从成都来到北京。当天后半夜，马老才抵达大女儿吴翠兰老师家。10月5日下午，我在展厅加完班后，跟吴翠兰老师联系了一下，提出想去看望一下马老。吴老师告诉我，马老正好有事要跟我说，现已在家中等着。挂上电话后，我立刻驱车前往。

当吴老师带我走进马老休息的卧室时，老人正在认真地低头看书。马老的生活很规律，他每天都要写字、看书、创作。马老总是说："人活着，总是要做点什么，不能虚度时光。"我想到自己平时一想到看书，就给自己找各种理由，看看这位老人，想想自己的懒惰，真是汗颜。

马老这两年听力一直不是太好，我紧靠着马老，附在耳边向他详细地汇报了整个活动目前的进展情况。当谈到书法都已装裱完毕，今天下午开始布展时，马老像是突然想起了一件什么事。他抬起头，跟站在旁边的建生老师（马老的大儿子）说："上次小慕从成都走后，我又挑了一幅书法让你们寄给他。寄了吗？"建生老师说自己不太清楚这件事。马老听后，很是有些生气。我想这幅书法可能对马老很重要，便问道："马老，您还有一幅书法要参加这次展览吗？"

"小慕，我现在岁数大了，有时候看东西记得也不是很清楚。

上次我交给你的那幅我写得不是很准确。总书记说的是'不忘初心　牢记使命'，我给你的是'勿忘初心　牢记使命'。作为一名老党员，党的领导人的讲话写得不准确，这怎么可以？你走后，我发现了这个问题。我赶紧找自己写得正确的书法作品。这个错误对我而言，必须马上改正。他们在成都没寄给你，应该是放在箱子里带到北京来了。"说到这儿，马老一再催促孩子们赶紧去把这幅书法作品找了来。

拿到书法作品后，马老认真地看了一下，而后郑重地交给我。

看到马老如此重视这幅书法，我小心翼翼地将它叠好后放进了大信封，装在书包中。但现在有个问题可能会比较棘手，我想了一想，还是决定要跟马老说一下："马老，您放心！这幅书法参展肯定没任何问题。只是装裱可能有点来不及了，因为离开展的时间已经太近了。装裱是需要时间的，我怕赶不上。"

马老听我讲完，想了一下，说道："小慕，不装裱也没关系，那就麻烦你们展览同志找个镜框装上。我对装不装裱没什么要求。我只想提一个小小建议：我希望在布展时，能把我写的党和国家领导人的讲话放在最前面，尤其是这幅《不忘初心　牢记使命》要放在醒目的地方。通过展览，我想用我的书法作品大声地、清晰地、明确地告诉观众：我的人生追求与信仰是什么？对于这种追求与信仰，我自入党以来从未改变过。这就算是我对展览的小建议吧。希望你能跟文学馆领导讲一下。其他的书法作品如何布置，你们安排。我没任何要求。"

回馆后，我立刻把马老的想法跟领导进行了汇报。听到马老的这个"要求"，文学馆领导很是感动。最后，经馆领导在展览现场研究决定：将《不忘初心　牢记使命》放在展厅主题墙的正中央，将马老去年7月创作的《寄调满江红·中国共产党建党九十七周年纪念》放在展览的最前面。

2018 年的这些场景到现在想来，就如昨天刚刚发生过一样。

马老走过的这百年岁月，极为精彩。年轻时，目睹国家衰弱、政府无能、民不聊生，他积极投身革命，为新中国的建立抛头颅、洒热血，妻子牺牲，女儿失散，自己更是九死一生，但他丝毫无惧。新中国成立后，他更是努力学习，不计个人得失，成为一名出色的行政领导，为四川的社会主义建设努力工作。后来，他更是在沙汀、陈白尘、邵荃麟、侯金镜等人的激励下，成为一名优秀的革命作家。他带有自传性质的长篇小说《清江壮歌》和杂文集《夜谭十记》自出版，便享誉文坛。

马老一生都在不停地追逐自己的梦想，信守自己的信仰。即使到了百岁，他也永不知疲倦，一直用笔书写着属于自己的历史。在中国当代文坛，他被人敬仰、被人赞叹、被人传诵。

著名作家王蒙对马老有过这样的评价："他是中国文化的吉兆，是人瑞，是中国的国宝，是四川的川宝，是作家协会的会宝。"为表达自己对这位老大哥的敬意，王蒙先生曾为马老创作过一副对联：识过人间风雨，书生志义，亦文亦武；途经天下坎坷，老马胸怀，能饭能书。这副对联写出了马老的传奇。

我因征集工作与马老相识，现在想来已近 23 年。与老人交往的故事，历历在目。其中几件事，让我一直印象深刻。

马老的幽默与"火之后"的沉思

马老具有川人与生俱来的幽默，这不仅体现在他的作品中，更体现在他的生活中。我到现在还记得马老的一首打油诗。2011 年春节前，马老在北京探亲访友。在一次文学馆的宴请中，当谈及自己对待生死的态度时，马老顺口说了一首自创打油诗："家有一老九十七，阎王叫我我不去。不去不去就不去，看你能把我咋地。"马老边说边挥动着筷子。众人听后，哈哈大笑，马老也开心地笑了。这首打油诗很有意思，话语虽浅显，却透露出这位已近白寿老人对生命的执着与坚韧。

幽默的马老常对自己所看到的进行冷静思索。2010年底，随着电影《让子弹飞》的热映，原著作者马老"大火"了一把。2011年初，我陪马老在北京参加各种活动时，无论老人走到哪里，都有众多粉丝追逐：从北大未名湖畔僧人的主动祝福，到北京饭店服务人员和参会作家的追签；从人民大会堂演员们的盛邀拍照，到保卫大会堂士兵的合影请求；从国家大剧院陌生学生的包围签名，到中国现代文学馆工作人员的热情提问。面对这些场面，马老感受着，也在思考着。

有一天，我问马老如何看待自己当下的这种"火"。马老冷静地跟我谈到了这个问题："我自己现在的'火'，到底是作品《盗官记》让自己如此，还是电影《让子弹飞》让自己如此？如果是《盗官记》，那真是我的幸福；而如果是《让子弹飞》让自己如此，那是人家导演姜文的功劳，与自己就关系不大了，自己只是搭了别人的顺风车罢了。毕竟《让子弹飞》只是借鉴了《盗官记》中的一些框架，而主要的东西早已不是我所写的东西。这样的'火'，自己不过是'附其骥尾'罢了。有什么可以高兴的？一个作家呕心沥血，费多年之功，写出一部真正的文学作品，未必能出版，就是出版了，也未必能印多少册，而且很可能不久便烟消云散，无声无息。然而一部好电影，一部好电视剧，却可以很快被亿万人知晓。这就是现实，这就是当代文学和作家的遭遇。"

106岁后连出三本新作

马老的勤奋在作家圈也是出了名的。当他106岁后，在一年半多的时间内，更是连续推三本新作，这速度实在让人咋舌。

2020 年 6 月，已经 106 岁的马老在人民文学出版社推出了自己的新作《夜谭续记》。我知道马老这本书 2018 年 1 月便创作完成，历时两年多，终于等到它出版了。7 月 4 日中午，马识途的家人从成都打来电话，告诉我马老想请我把一些《夜谭续记》送给在京的老友。我高兴地说："没问题！"能帮马老送书那可是我的福气。我在成都朋友发来的照片中看到，该书分为上下两卷。上卷名为"夜谭旧记"，有六篇文章五个故事：《不第秀才　龙门阵茶会缘起》《三家村夫　狐精记》《羌江钓徒　树精记》《山城走卒　造人记》《野狐禅子　借种记》《砚耕斋主　天谴记》。下卷名为"夜谭新记"，也讲述了五个故事：《今是楼主　逃亡记》《没名堂人　玉兰记》《水月庵姑　方圆记》《镜花馆娃　重逢记》《浣花女史　重逢又记》。

在新书封面上有这样一段话：

　　他们给我摆了许多我闻所未闻、千奇百怪的龙门阵。我听到了难以想象的奇闻逸事。

我才知道旧社会是多么乖谬绝伦、荒唐可笑，人民的生活是多么困苦无状。

在新书《絮言》中，马老写道：

　　此书之所以名《夜谭续记》者，盖人民文学出版社 1982 年出版的《夜谭十记》之续作也，仍援原例：四川人以四川话讲四川故事耳。内容皆四川十来个科员公余之暇，相聚蜗居，饮茶闲谈，摆龙门阵，以消永夜。仍以四川人特有之方言土语、幽默诙谐之谈风，闲话四川之俚俗民风及千奇百怪之逸闻趣事。虽不足以登大雅之堂，聊以为茶余酒后、消磨闲暇之谈资，或亦有消痰化食、延年益寿之功效乎。读者幸勿以为稗官小说、野老曝言，未足以匡时救世而弃之若敝屣也。幸垂察焉。

下一页则写有这样一句话：

> 谨以此书献给曾首创"夜谭文学系列"并大力推出《夜谭十记》一书的韦君宜先生，以为纪念。

《夜谭续记》的创作源于它的"前传"《夜谭十记》。《夜谭十记》是马老呕心沥血积40年之功写出的一部文学经典。这在中国文学史上实不多见。《夜谭十记》包括了《破城记》《报销记》《盗官记》《娶妾记》《禁烟记》《沉河记》《亲仇记》《观花记》《买牛记》《踢踏记》十个故事。马老以旧中国官场里的十位穷科员为主人公，以一个个看似难以想象却十分真实的奇闻逸事，讲述了旧社会官场上尔虞我诈、卖官鬻爵的丑行，普通劳动群众惨不忍睹的痛苦生活，特别是妇女被侮辱被损害的悲惨遭遇，让人看到了旧社会人情世态的冷酷、伦理道德的虚伪和人与人之间社会关系的险恶。《夜谭续记》的问世也经历了很长的时间跨度。1982年11月，人民文学出版社出版了马老的《夜谭十记》。该书初版就印了20万册，后因读者追捧，很快加印。《夜谭十记》一时颇为红火。于是，韦君宜专门去成都找到马识途。一见面，她就向马识途提出了一个创作建议：《夜谭十记》出版后反响很好，你不如把你脑子里还存有的那些千奇百怪的故事拿出来，就用意大利著名作家薄伽丘的《十日谈》那样的格式，搞一个"夜谭文学系列"。马识途回忆起这段往事时，说自己当时一听就脑子发热，赶忙在自己的记忆库里开始搜索，结果一口气就说出十个故事的题目和几个故事的梗概。韦君宜听后很高兴。很快，两人就当场商量先创作出一本《夜谭续记》。不久，马识途便开始动笔写故事提纲。但其后因韦君宜突然中风，没人再继续督促马老创作此书，加之马老当时公务繁忙，也就放下了这个写作计划。但这些故事本身，一直存在他的脑子中。他常常梦到这故事里的人物，还与他们不断对话。也许马老自己也没想到，这本书一放，就是 30 年。

事情直到 2010 年底才出现转机。那年 12 月，随着改编自马老《夜谭十记》之《盗官记》的电影《让子弹飞》在那一年成为中国电影票房冠军，出版了 28 年早已有些沉寂的《夜谭十记》，也跟着这部电影红火起来。面对《夜谭十记》的再次红火，马老很想把原来和韦君宜一起计划好的《夜谭续记》重新完成，也算是对好友的纪念吧。

之后，马老便开始这本书的创作。2018 年 1 月，马老在医院终于完成了这部创作跨度近 40 年的讽刺小说集。这对一位年过百岁的老人而言，简直是不得了的事啊！要知道那时的马老已检查出两种癌症，正在治疗期间。这本《夜谭续记》的书稿，马老之前就已开始努力创作，而这次住院会使得书稿面临半途而废的可能。这时，马老想起了司马迁发愤写《史记》的故事，这使他深受鼓舞。马老决定自己要继续发愤而作，和病魔抢时间，一定要在有生之年完成这次创作。打定主意后，马老让孩子把稿纸带到医院，他要坚持写下去。治疗期间，无论是住院中还是出院后，马老一面积极配合医生治疗，一面坚持写作。医院里，医生护士们都觉得这位百岁老人得了这么危急的病，自己一点都不在乎，还在奋力写作，真是个怪人。马老却说："其实这毫不可怪，我就是要和病魔战斗到底，正像当年我做地下革命斗争不畏死一样。一个人只要不怕死，便会勇气百倍，一有勇气，更有力量战胜危险和痛苦。"

就在马老完成这本书的初稿时，他的保健医生告诉他，经过半年多的药物治疗，马老肺上那个肿瘤阴影竟然看不到了，验血检查指标也完全正常了。听到这个好消息，马老戏说道："咋个，癌魔和我斗，落荒而逃了吗？"

这位已过百岁的老人，在癌症的折磨下，依然凭着自己顽强的毅力和对文学的赤诚，以及对故友韦君宜的承诺，为中国当代文学史再次贡献出一部精彩的讽刺小说集。回望马老"夜谭系列"这78年的创作历程，我感受最深的一点是：马老对于自己的文学创作一直有着坚定的信仰，那就是为人民而书写，为中国而书写，为我们的党而书写，他用自己手中的笔向我们描绘着中国这个古老大地上发生的故事。

2021年10月，107岁的马老在四川人民出版社推出了自己的第一本学术专著《马识途西南联大甲骨文笔记》。这部甲骨文研究著作主要包含了上、下两卷和附录。上卷为"马识途拾忆"，下卷为"马氏古字拾忆"，附录则包括"马识途甲骨文形训浅见"等内容。在上卷，马老回忆了自己当年在西南联大古文字学专业求学时，罗常培、唐兰、朱德熙、王力等先生讲授的古文字学，尤其是唐兰先生的甲骨文研究精髓，同时还记录了他自己当年对部分甲骨文的研究，以及他现在对甲骨文作的形训注解。谈及此书，马老谦虚地说："我这个书不是什么高深的甲骨文学术书，就是给大家科普一下甲骨文，供大家消遣的。"这本书能创作完成源于2019年11月纪念甲骨文发现120周年座谈会在北京召开。习近平总书记特致信此次座谈会，鼓励研究古文化、学识古文字，并提出在大中学生中科普甲骨文。已经105岁的马识途看到此消息后兴奋不已，他深感自己身上有着一份沉甸甸的责任。这时，他想到自己曾有一部未创作完成的"搁置书稿"。

早在20世纪40年代西南联大求学时，马识途便接触到甲骨文。1943年9月，28岁的马识途选修了中文系教授唐兰的"语言文字学专业课程"，最开始听的是文字学必修课"说文解字"。为学好这门课，马识途特地从高年级同学那里半借半买了一部《说文解字注》。专修此课的学生只有五六个，他是岁数最大的一位。当他走进教室时，唐兰教授以为他是学校的其他教员，不解地问马识途他是哪个系的，马识途说自己是选修此门课程的学生，唐兰教授吃惊地说："你来修这冷门的课，那是要陪坐几年冷板凳的哟！"说完此话，唐兰教授转身开始讲课。唐兰教授是我国现代著名的文字学家、历史学家、金石学家。他终身对金文、甲骨文等古文字学、音韵学、训诂学、古代史学等诸多领域有很深研究，且治学严谨，学术创见甚多，对所涉及领域均有很大贡献。在20世纪20年代，他就精研了《说文》《尔雅》等典籍。20世纪30年代便著有《古文字学导论》《中国文字学》，他对中国古文字研究贡献颇大。20世纪40年代，唐兰教授还专门研究过战国文字和战国史，对中国古代史有独到的见解。

唐兰教授的讲课总是结合社会实际，以故事的形式深入浅出地讲解，十分有趣。唐兰教授认为他所讲的《说文解字》是一门最有兴味、最有学术价值且最重要的学术课程。这门课与中国文化的演变发展其实有着密切联系。他告诉听课的学生，往往一个古文字的发现，犹如天上发现一颗新的星星一样给研究人员带来无穷的快乐。唐教授的这番演讲激起了马识途研究古文字的兴趣。对于唐兰教授的第一课，马识途终身难忘。对于自己所学的这门课，马识途一直记忆犹新。但由于革命工作的原因，他毕业离开西南联大后一直没有再对古文字进行系统研究。直到20世纪80年代离休之后，马识途在文学创作闲暇时，回忆起当年所学，试图开始撰写"甲骨文拾忆"。没想到自己这一写就是近30年。2019年底，马老开始加速写作，决定将这本"甲骨文拾忆"书稿写完，于是他开始将自己的大部分精力都投入甲骨文、金文在内的古文字研究，一口气写出"甲骨文拾忆"两卷。当得知马识途有此新作，四川人民出版社在研究后觉得该甲骨文研究经70年历程笔记非常珍贵，很有学术价值，决定出版。历经两年的审读、校对，2021年10月《马识途西南联大甲骨文笔记》一书出版。在扉页，印有这样一句话：

> 谨以此书献给西南联大及罗常培、唐兰、闻一多、王力、陈梦家等大师们

三个月后，马老又于2022年1月在人民出版社推出了自己的第三本新作《那样的时代，那样的人》。这本书基本上是马老在电脑上写出的。但因用电脑写作，马老本就不好的眼睛出现问题。为了继续创作，他专门到华西医院打针治疗，但医生给出的建议是要尽量少用电脑，所以后来一部分书稿，马老是用笔写完的。2017年初春，马老在成都完成初稿，当时书名暂定为《人物印象——那样的时代那样的人》。2018年10月，马老到中国现代文学馆举办个人第三次书法展时，曾与我谈起此书，说他写了一本追忆故友的书，大概有三十多万字，还在出版社编辑。我当时便很期待这本书，跟马老说等书出版了，一定要把手稿捐给我们文学馆。马老笑着答应了。历时四年，这本马老回忆人生故交的散文著作终于出版了，实在可喜可贺！

翻开这本书，我首先很认真地阅读了该书后记。在后记中，马老诚挚地写道：

> 这本书呈献在读者面前，已经浪费了大家不少时间，不想再啰嗦了，只是有几点说明：一，列入这本书的人物，全是去世了的；二，这些人物都或多或少曾经和我有点关

系，至少是我认识的；三，我写的都是我回忆得起来的事实，或者偶有错误，我无法去查对了；四，最后还想说一句，又一度想学巴金，我说的是真话。

看来这又是一本马老说真话的著作。说真话，不易，但却非常重要。因为讲述者的"真话"，将会为中国的历史、中国的现当代文学史留下极为珍贵的史料。

此书最终以《那样的时代，那样的人》的书名出版，共分五卷：文人、友人、亲人、凡人、洋人。

在第一卷"文人"篇中，马老深情回忆了自己曾经见过的鲁迅先生，与自己有过交往的郭沫若、周扬、巴金、冰心、阳翰笙、张光年、韦君宜、闻一多、吴宓、汪曾祺、夏衍、曹禺、刘绍棠、黄宗江、曾彦修、周有光、李劫人、李亚群、何其芳、沙汀、艾芜、周克芹、车辐，还有自己一直想见却未曾谋面的杨绛先生，共25位文坛名家。这些名家在中国现当代文学史上都是赫赫有名。

开篇马老便出手不凡，他讲述了自己两次见到鲁迅先生的情景。当今中国文坛能见过鲁迅先生的，应该已是屈指可数。还能现场聆听鲁迅先生的演讲，更可以说是荣幸之至！鲁迅先生是中国现代文学史上著名的文学家、思想家和民主战士，他不仅是五四新文化运动的重要参与者，更是中国现代文学的奠基人。他被公认为中国现代革命文学的旗手，毛泽东主席曾评价："鲁迅的方向，就是中华民族新文化的方向。"两次与鲁迅相见对年轻的马识途影响至深，用他自己的话就是"我虽然只看见过两次，却一直是在我的人生途程上立着的一块丰碑……鲁迅是中国的脊梁骨"。

在其后讲述巴金先生时，马老高度评价了巴老的人格魅力和文学品格。

巴金一生别无所有，只有一颗善良的心和一支犀利的笔。他用这颗心和这支笔，曾经为中国人民的苦难而痛哭，为中国人民的解放而战斗，为中国人民的心声而欢呼。当中国人民遭受挫折的时候，他负罪式地进行深沉思索和灵魂的拷问，告诫人们不要忘记教训。

马老还深情回忆了巴老 1987 年回家乡成都的往事，尤其提到当巴老在参观老友李劼人故居时，曾写下过这样一句让人"涕泪欲出"的话语：

　　一九八七年十月十三日，巴金来看望劼人老兄，我来迟了！

在该文最后，马老写下了一句他要学习巴金的极为中肯的话："从今而后，我仍然要努力说真话，不说假话，即使要付出生命的代价。"

在第一卷，马老还提到了著名女作家杨绛和"汉语拼音之父"周有光。我因征集工作与两位老人结识，并成为他们的忘年小友。在与他们的交谈中，我都曾向他们提起过马老，因为他们都是我认识的高寿名家。杨绛先生说她知道马老，但没见过。看了马老《走在我前头的老作家》一文，我才知马老很想结识杨绛先生："一代才女、散文家杨绛，是我久所仰慕的，却无缘一睹风采。"如果当年马老数次来京时，我多问一句，也许我还可以促成两位百岁老人的相见，这可能又是一件文坛佳话。周有光先生则是马老敬重的老友，马老对周老印象极为深刻。他评价周老："语多幽默机智，言人之未能言，言人之未敢言，使我大开脑筋。"此文让我想起两位老人 2011 年见面的场景。那次见面，我曾居中联系。两位老人所谈话题，让我感受极深，受教良多，直到现在那时的场景我依旧没有忘记。

在第二卷"友人"篇中，马老写了31位自己印象深刻的朋友，他们有马老当年从事地下革命工作的战友袁永熙、罗广斌、黎强、何功伟、陈俊卿等人，有自己钦佩的女性朋友舒赛、王德伟、凌起凤，还有自己至今印象深刻的启蒙老师陈孟仁、卢诗于等。

在第三卷"亲人"篇中，马老追忆了他的三个亲人。第一个是自己在西南联大的老同学、好战友、妹夫齐亮，第二个是自己第一任革命伴侣刘蕙馨，第三个则是自己第二任妻子王放。在《舍身救地下党员》一文中，马老讲述了自己与齐亮一起在西南联大从事地下革命的往事，回忆了齐亮在重庆、成都、监狱与国民党反动派进行坚决斗争的故事，以及齐亮与自己妹妹马秀英的爱情。在文中最后，讲到齐亮在重庆地下党被破坏时，依然冒死亲自去通知同志转移。有人问"这是一种什么力量，使烈士们视死如归"，文中的答复是"信仰，就是坚定的革命信仰"，马老的总结则是"人无信仰，生不如死"。在《伟大的革命战士和母亲》和《刻骨铭心的往事》中，马老先后深情记述了自己生命中最为重要的两位革命伴侣，他们都是因共同的信仰而走到一起，在革命斗争中，他们相互鼓励、相互扶持。正因为有了她们的爱与支持，马老对于革命信仰更加坚定，对于革命事业更是充满希望。在回忆刘蕙馨烈士牺牲的场景时，马老这样写道："她毅然转过头去，按照一个共产党人那样，高昂着头，走向刑场去了。"几十年后，当追念妻子刘蕙馨时，马老写下了这样一段话："我能够告慰于蕙馨的是：我并没有背弃我们的共同理想，我和其他同志一起继续举起她留下的红旗前进，终于胜利了，'那个日子'真的到来了。"读到这段话，我想起今年7月1日，当马老在成都家中收看完庆祝中国共产党成立100周年大会直播时，他亲笔写下的一句话："我是马识途，我今年已经进入107

岁，我是1938年入的党，我在入党誓词所许诺的义务和责任已经实现了，我无愧亦无悔。"

在追忆妻子王放时，马老不仅写了王放在成都与自己一起从事革命工作时的忘我精神，"王放打开收音机，戴上耳机，去捕捉延安新华电台的女高音，不断地在纸上写出让人振奋的字眼，然后编辑、撰写，刻蜡版，搞油印，几乎每个晚上都要弄到第二天凌晨三四点钟。"而且还讲述了自己在傍晚创作《清江壮歌》时，妻子王放对自己无微不至地关心与照顾。即使在她身患重病时，她依旧对身处旋涡的丈夫给予极大的安慰："我们的历史是我们自己写的，谁也没有办法篡改的。"

在第四卷"凡人"篇中，马老写了《郭德贤和邱嫂》《王叔豪和姚三妹、郭嫂》《高奇才》《大老陈》四篇文章。在文中，马老讲述了自己身处险恶环境时，七个普通人曾给予自己的重要帮助。如果没有他们的帮助，可能马老早已被捕入狱，其人生路便不是后来这般。由此，马老也深深地感受到：正是因为有了这些善良的人们，中国的革命、建设与发展无论遇到怎样的挫折与困难，也都会顺利地进行下去。

在第五卷"洋人"篇中，马老写了自己在成都从事革命时，遇到的曾给过自己巨大帮助的加拿大籍教师云从龙。还有一位是新中国成立后，自己在成都结识的日本"杜甫迷"松村谦三，以及20世纪40年代自己在西南联大读书时结交的几个飞虎队队员。

我用了三天时间把这本书从头至尾全部读完。全书共24万多字，近300页。在字里行间，马老用自己的笔深情讲述了他在百年岁月中所认识的、所结交的、所遇到的那些让他钦佩与感动的朋友、亲人。这些人中有的是已进入历史的大家、名家、英雄、烈士，而有的则只是籍籍无名的平民百姓，但他们都一直鲜活地存在于马老的记忆中。虽已百岁，但马老的记忆还是那样清晰，他笔下的人物还是那样鲜活，他笔端流露出的情感还是那样真挚与热烈。书中所写有大事也有小事，但小事居多。正是这些小事让我们看到了那些朋友的可贵，也正是这些小事让马老的人生是那样精彩与传奇，让历史变得更加完整与真实。

这本书，是一位百岁老人对自己往事的追述，但更是对中国近一百年历史的思索。

"五得先生"

马老的长寿在作家圈是出了名的，对此，大家都很好奇，我也一样。有一年，马老再次来到北京。在一次谈话中，马老向我讲述他健在的兄弟姐妹时，我很认真地问："马老，您长寿的秘诀到底是什么？能透露点儿吗？我也学学。"马老笑着跟我说："要长寿，就要做到'五得'"。我好奇地问："'五得'？'五得'是什么？"

马老掰着指头跟我一一道来："第一，吃得：我什么都吃，除了海鲜、高级食品不吃，因为痛风。第二，睡得：我躺下就着，睡眠质量还是很不错的。第三，写得：我想写的东西我都可以写下来，我脑子没出问题，我手还可以握笔。第四，走得：全国各地，我还没有走够，我还要多走，只要身体允许，医生允许，我是不怕走。第五，受得：到了我这个岁数，没什么可以害怕的了……我所说的'五得'，其实最终就是人要'乐观'，说到底就是'豁达'。我的长寿秘诀就这两个字。简单吧！"

我说："您这'五得'看似简单，但要做到，太难了！我这样的凡夫俗子，更是难上加难呀！看来，我要从现在开始好好修行。"

后来，马老还专门送过我一幅书法——《养心莫善于寡欲》。"养心"要"寡欲"，马老的谆谆教诲，我一直做得不太好，需要继续努力。

马老带我结识其他作家

马老一直对于我的征集工作，非常支持。他不仅身体力行地积极向文学馆捐赠资料，还总是热情地帮我联系他所认识的作家，并且鼓动他们向文学馆捐赠作品。其中就有四川的王火老先生、北京的鲁迅研究专家王士菁老师、人民文学出版社老编辑杨立平女士，还有北京大学的严宝瑜教授，等等。

相交 25 年，马老教会了我很多，这些东西对我的成长影响至为深远。在我眼中，马老就是我的偶像。他的个人魅力正如同他的书法，让人看上一眼就会喜欢。

2024 年 3 月 28 日晚上，马老在成都平静地走完自己不平凡的 110 年旅程。

（定稿于 2024 年 4 月）

文缘未了情无已，尽瘁终身心似初

近期，106 岁的著名作家马识途出版了他的小说新著《夜谭续记》，同时，他也发表了《封笔告白》，以 5 首传统诗回顾生平，并宣布"从此封笔"。《夜谭续记》也成为他 85 年文学创作生涯的封笔之作。这部作品的创作跨越 38 个年头，与其历经 40 年完成的前作《夜谭十记》一样，承载了他为人民写作的不变初心。

我行我素幸识途

2020 年 7 月 4 日中午，马识途的家人从成都打来电话，告诉我马老最近出了新书《夜谭续记》，想请我把一些书送给在京的老友。我高兴地说："没问题！这是我应该做的事。"能帮马老送书，那可是我的福气。我知道马老这本书 2018 年 1 月便创作完成，历时两年多，终于等到它出版了。

我在成都朋友发来的照片中看到，该书分为上下两卷。上卷名为"夜谭旧记"，有六篇文章五个故事：《不第秀才·龙门阵茶会缘起》《三家村夫·狐精记》《羌江钓徒·树精记》《山城走卒·造人记》《野狐禅子·借种记》《砚耕斋主·天谴记》。下卷名为"夜谭新记"，也讲述了五个故事《今是楼主·逃亡记》《没名堂人·玉兰记》《水月庵姑·方圆记》《镜花馆娃·重逢记》《浣花女史·重逢又记》。

在新书封面上有这样一段话：

> 他们给我摆了许多我闻所未闻、千奇百怪的龙门阵。我听到了难以想象的奇闻逸事。
>
> 我才知道那个社会是多么乖谬绝伦，荒唐可笑；人民的生活是多么困苦无状而又丰富多彩。

在新书的《絮言》中，马老写道：

> 此书之所以名《夜谭续记》者，盖人民文学出版社1982年出版的《夜谭十记》之续作也，仍援原例：四川人以四川话讲四川故事耳。内容皆四川十来个科员公余之暇，相聚蜗居，饮茶闲谈，摆龙门阵，以消永夜。仍以四川人特有之方言土语、幽默诙谐之谈风，闲话四川之俚俗民风及千奇百怪之逸闻趣事。虽不足以登大雅之堂，聊以为茶余酒后、消磨闲暇之谈资，或亦有消痰化食、延年益寿之功效乎。读者幸勿以为稗官小说、野老曝言，未足以匡时救世而弃之若敝屣也。幸垂察焉。

下一页则写有这样一句话：

> 谨以此书献给曾首创"夜谭文学系列"并大力推出

《夜谭十记》一书的韦君宜先生，以为纪念。

正当我满心期待马老这本新书时，第二天却又从成都朋友那里得到马老封笔的消息。我一时有些发蒙。最近几年，马老的身体一直还是很不错的，他的文学创作也一直保持高产状态。近三年时间，马老就先后创作完成三部著作。

可当我看到马老6月便已撰写完成的《封笔告白》后，我知道这是真的了。

封笔告白

我年已一百零六岁，老且朽矣，弄笔生涯早该封笔了，因此，拟趁我的新著《夜谭续记》出版并书赠文友之机，特录出概述我生平的近作传统诗五首，未计工拙，随赠书附赠求正，并郑重告白：从此封笔。

二〇二〇年六月于成都未悔斋

在《封笔告白》的字里行间，我能切实感受到《夜谭续记》对马老而言有着怎样的意义。它不仅是马老创作的最后一部小说，同时也是马老85年文学生涯的封笔之作。

在《封笔告白》的最后，马老专门附上5首诗作送给朋友：

自述

生年不意百逾六，
回首风云究何如。
壮岁曾磨三尺剑，
老来苦恋半楼书。

文缘未了情无已，

尽瘁终身心似初。

无悔无愧犹自在，

我行我素幸识途。

注：（1）"尽瘁"，诸葛亮曾言："鞠躬尽瘁，死而后已。"

（2）"无悔无愧，我行我素"，乃余此生自励语。

自况

光阴"逝者如斯夫"，

往事非烟非露珠。

初志救亡钻科技，

继随革命步新途。

三灾五难诩铁汉，

九死一生铸钢骨。

"报到通知"或上路，

悠然自适候召书。

注：（1）"逝者如斯夫"，《论语》名句"逝者如斯夫，不舍昼夜"。

（2）"报到通知"，谐谑语，意指逝世，即是向马克思报到。涵义"终身革命，死而后已"。

自得

韶光恰似过隙驹，

霜鬓雪顶景色殊。

近瞎近聋脑却好，

能饭能走体如初。

砚田种字少收获，

墨海挥毫多胡涂。

忽发钩沉稽古癖，

说文解字读甲骨。

注："读甲骨"，上世纪四十年代，我在西南联大中文系时，曾选读唐兰教授开讲的《说文解字》好《甲骨文》二年。

自珍

本是庸才不自量，

鼓吹革命写文章。

呕心沥血百万字，

黑字白纸一大筐。

敝帚自珍多出版，

未交纸厂化成浆。

全皆真话无诳语，

臧否任人评短长。

自惭

年逾百岁兮日薄山，

蜡炬将烬兮滴红残。

本非江郎兮才怎尽，

早该封笔兮复何憾。

忽为推举兮成"巨匠"，

浮名浪得兮未自惭。

若得二岁兮天假我，

百龄党庆兮曷能圆。

注："巨匠"，指被人文纪录片《百年巨匠》制作组列为《百年巨匠》拍摄人物。

为群众所"喜闻乐见的中国作风和中国气派"

谈论《夜谭续记》还得从它的"前传"《夜谭十记》说起。《夜谭十记》是马老呕心沥血积 40 年之功写出的一部文学经典。这在中国现当代文学史上实不多见。《夜谭十记》包括了《破城记》《报销记》《盗官记》《娶妾记》《禁烟记》《沉河记》《亲仇记》《观花记》《买牛记》《踢踏记》十个故事。马老以旧中国官场里的十位穷科员为主人公，以一个个看似难以想象却十分真实的奇闻逸事，讲述了旧社会官场上尔虞我诈、卖官鬻爵的丑行，普通劳动群众惨不忍睹的痛苦生活，特别是妇女被侮辱被损害的悲惨遭遇，让人看到了旧社会人情世态的冷酷、伦理道德的虚伪和人与人之间社会关系的险恶。

《夜谭十记》采用了能紧紧抓住读者的说故事的叙述形式，让十个穷极无聊的小科员每天轮流摆龙门阵，作品的这种结构形式和一定的传奇色彩，增强了读者的阅读兴趣。此外，作品幽默的笔调，对旧社会反动统治的尖锐讽刺和许多地方充满感情的描写，也使这部作品更富有吸引力。

《夜谭十记》最早创作于 1942 年，那时马识途在西南联合大学求学。1938 年 3 月，在武汉加入中国共产党之后，马识途一直冒着生命危险在"国统区"从事地下革命工作。因工作需要，他经常更换职业，当过教员和学生，也当过小公务员和行走商贩，还做过流浪汉。在城市的旅店茶楼，在乡村的鸡毛店或小饭铺里，在农家小舍的桐油灯下，他常与社会的三教九流打交道。在交往中，这些三教九流常常给马识途摆许多他过去闻所未闻、千奇百怪的龙门阵。尤其是他接触的一些小科员，平时没有什么娱乐和消遣，只好三五结伙到人家里去坐冷板凳，喝冷茶，扯乱谭，自得其乐。在他们结成的"冷板凳会"上，马识途听到了许多奇闻逸事。

1941年，因湖北恩施地下党组织遭到破坏，马识途被特务追捕。根据南方局指示，他考入西南联大，到昆明继续从事学生地下党工作。在进入西南联大中文系后，马识途一边跟随闻一多、李广田、朱自清、楚图南等文学大师认真学习，一边以文学为武器对学生进行革命宣传和组织。为了更好地开展工作，马识途常以川人擅长的在茶馆摆龙门阵的方式给学生和群众讲故事。渐渐地，马识途产生了强烈的创作冲动。1942年，他选择了十个最有意思的故事，以一个冷衙门里十个科员组成"冷板凳会"、轮流摆龙门阵的形式开始了《夜谭十记》的最早创作。马识途首先从《破城记》前半部分《视察委员来了》写起，同时还为其他各记写了一些提纲和部分草稿。但由于学习和地下工作的原因，这些创作时断时续。后来书稿还经历了三次"灭失"。

第一次"灭失"发生在1946年，马识途奉调从云南回四川做地下工作，写好的《夜谭十记》初稿不得不在离开前全部烧掉。第二次"灭失"是他到成都开展地下工作后，对于之前的焚稿，马识途总是念念不忘，于是他在工作之余又开始悄悄创作。他抄出自己的《视察委员来了》给好友陈翔鹤看，陈翔鹤觉得这篇小说写得很有味道，便准备拿去发表。可惜不久，马识途在成都的家就被国民党特务查抄，他所有的书籍、书稿、笔记和资料都被抄没了，其中就有已经初具规模的《夜谭十记》。第三次"灭失"则发生在20世纪60年代。直到1978年，已经63岁的马老才重新动笔创作这部《夜谭十记》。

1982年春在北京参加全国人民代表大会期间，马识途与人民文学出版社社长韦君宜开始商谈《夜谭十记》的出版事宜。韦君宜和马识途早在1937年冬鄂豫皖苏区为湖北省委举办的党训班时就是同学，之后在白区还一同做过地下工作。韦君宜早在20世纪60年代初就看过马识途创作的《破城记》和《报销记》。作为一名优秀的编辑，韦君宜觉得此稿很有特色，而且素材都是源于马识途所从事的地下党活动，是他在血与火的斗争中收集而来。这些素材在马识途笔下，已然变成"嬉笑怒骂皆成文章"的小说，其细致刻画很有特点。韦君宜当即向马识途约稿。不久，她还让人民文学出版社和马识途签了出版合同。其后，每次遇到马识途，韦君宜就催他赶紧完成创作。可直到1979年7月，《夜谭十记之———破城记》才在文学刊物《当代》创刊号发表。之后每次见面，韦君宜依旧是催促马识途快马加鞭、一鼓作气写完这本自己等了21年的书稿。1982年7月，应中国科学院邀请，马识途前往青岛疗养。在青岛疗养期间，时隔40年，67岁的马识途终于完成了自己从青年写到古稀之年的《夜谭十记》。1982年10月1日，马识途为即将出版的《夜谭十记》特地撰写了《后记》。在《后记》中，马识途讲述了自己创作这本书的前前后后。1982年11月，《夜谭十记》在人民文学出版社出版。出版后，《夜谭十记》深受读者欢迎。韦君宜对于好友的这本《夜谭十记》也十分欣赏。在1984年第七期《文艺报》上，她曾亲自撰文《读〈夜谭十记〉随笔》，谈了自己对这部小说的一些看法：

　　《夜谭十记》到底算长篇小说还是短篇小说集？这问题我也回答不出来。说它是长篇呢，十篇故事各自有头有尾。说它是短篇呢，十篇有一个总的布局，或曰总的故事，是十个科员在开冷板凳会摆的龙门阵。十篇所写的背景，也基本一样，都是那黑暗年代里在四川小县和山乡发生的人吃人的故事。如果把头尾去掉，一篇一篇完全分开，就有点儿损伤了作者的总体构思了。

反正这本书在目前出现，光体例就挺特别的。它有点像《一千零一夜》或《十日谈》，你说它们到底算长篇还是短篇？好像我们一般都还是把这两本书作为一个整体来看，也即长篇。

……反正我是觉得这书很有味道的。……

现在看到成书问世，我除了一种当编辑的应有的喜悦之外，作为读者的确也很喜欢它。我分析不出来什么思想性、艺术技巧等等道理，只是觉得读它可以采用我们平时读《红楼梦》《水浒》的方式，下午疲乏了，抓起来就可以看一段，躺在床上也能看一段，而且看了前半段总想知道后半段怎么样。反正，它很能抓人，跟我们的新小说不一样。

……

这部作品是民族形式的。这所谓民族形式，既不是指章回体的"且听下回分解"、舞韵合辙，也不是指塞进大量的方言俗语（当然，它也有一点儿）；而是那富有故事情节的、段段都有悬念的、叫人拿起来放不下的形式，描写叙述都极简洁、水分很少的形式，是为我国的多数读者所欢迎的一种形式。……我们搞创作的人，能从写法上来吸取民族形式的长处的，实在并不多，马识途同志能做到，实在是值得高兴的。

在该文中，韦君宜认为马识途的《夜谭十记》描写极具特点：

说《夜谭十记》简洁，并不是说作者不注意描写形象，并不是描写得不细致。他的描写是一个接一个的真实细节，摆出这大量细节，那人物形象便自然跃出。

其后，她以《沉河记》《报销记》《禁烟记》《盗官记》这几个故事为例，阐明了自己的这个见解：

> 像《沉河记》里那位吴老太爷，自己执行封建规矩，要把相恋的青年男女捆起来沉河，而他自己年轻时却正是一个好色之徒。作者将他所执行的封建陋规，一项一项细细摆出：他怎样保存旧轿子、怎样办私塾、怎样立贞节牌坊、怎样在牌坊上加上"待封孺人"的头衔……他和吴王氏的关系，他想出的舍远房本家保女儿的妙计，最后却给他来了个当场出彩，把这位老太爷的形象在我们头脑里显现得清清楚楚，而整个章节中几乎没有关于这个老太爷在什么天气、什么风景下如何说话的描写，真使人不能不拍案叫绝。
>
> ……像《报销记》里所写的那些官场鬼名堂，为了报销用尽心机，特别是那时候重庆的亦官亦商，互相搞鬼，抬高粮价，用"海损"的办法搂粮敛财，谋害人命。像《禁烟记》里写的名为禁烟、实系贩毒，甚至先将人害死，然后用死人肚子来装烟土的奇闻……看了不止觉得吓人，而且真长见识：原来旧社会是那样搞法的！光是为了这点，青年人也大可一看。
>
> ……例如《盗官记》里那个当了县长又行侠作义的土匪张牧之。可是细想一想，那年头反正是卖官鬻爵，偶然卖错了主顾，也未必不可能。……这部写旧社会的《夜谭十记》，同样用此笔法。常常叫人在听他讲极惨痛的故事时也不能不笑出来——这是觉得那个社会太可笑了。

最后，韦君宜在文中提出：

> 这部独特的作品，未必能（甚至肯定不会）成为当代创作的一种普遍趋向。但我想读者是会欢迎它的，它有着为群众所"喜闻乐见的中国作风和中国气派"。

从《夜谭十记》到《夜谭续记》

与《夜谭十记》一样，《夜谭续记》的问世也经历了很长的时间跨度。1982年11月，人民文学出版社刚刚出版了马老的《夜谭十记》。该书初版就印了20万册，后因读者追捧，该书很快再次加印。《夜谭十记》一时颇为红火。于是，韦君宜专门去成都找到马识途。一见面，她就向马识途提出了一个创作建议："《夜谭十记》出版后反映很好，你不如把你脑子里还存有的那些千奇百怪的故事拿出来，就用意大利著名作家薄伽丘的《十日谈》那样的格式，搞一个'夜谭文学系列'。"马识途回忆起这段往事时，说自己当时一听就脑子发热，赶忙在自己的记忆库里开始搜索，结果一口气就说出十个故事的题目和几个故事的梗概。韦君宜听后很高兴。很快，两人就当场商量先创作出一本《夜谭续记》。不久，马识途便开始动笔写故事提纲。但其后因韦君宜突然中风，没人再继续督促马老创作此书，加之马老当时公务繁忙，也就放下了这个写作计划。但这些故事本身，一直存在他的脑子中。他常常梦到这故事里的人物，还与他们不断对话。也许马老自己也没想到，这本书一放，就是30年。

事情直到2010年底才出现转机。那年12月，随着改编自马老《夜谭十记》之《盗官记》的电影《让子弹飞》在那一年成为中国电影票房冠军，出版了 28 年早已有些沉寂的《夜谭十记》，也跟着这部电影红火起来。那两年，《夜谭十记》被 4 家出版社先后出版，出版社大多会在书的腰封上大大地写着"让子弹飞"。报纸也不甘落后，天津《渤海早报》和深圳《深圳特区报》先后对《盗官记》进行了连载。一时间，《夜谭十记》再次风靡中国。

2011 年冬天，我陪马老在北京参加活动时，无论走到哪里，都有自称是马老粉丝的人，拿着马老的一本书或是一页纸，请他签名。从在人民大会堂演出的演员们的盛邀拍照，再到国家大剧院里陌生学生的签名要求……作为名人的马老，着实幸福地烦恼着！

然而，对于再次走红，马老却很冷静。他曾跟我说：

> 如果是《盗官记》，那却是自己的幸福，是非常值得一位作家高兴的。而如果是《让子弹飞》让自己如此，那是人家姜文的功劳，与自己就关系不大了，自己简直是搭着别人的顺风车。毕竟《让子弹飞》只是借鉴了《盗官记》中的一些框架，而主要的东西早已不是自己所写的文章了，那是编剧的思想和创作了。这样的"火"细想一下，那是自己作为一位作家的"悲"呀，我那是"附其骥尾"。有什么好让人羡慕的呀？
>
> ……
>
> 一个作家呕心沥血，费多年之功，写出一部真正的文学作品，未必就能出版，就是出版也未必能印几万册，而且不久便烟消云散，无声无息。然而一部好电影，一部好电视剧，却可以为十三亿人的中国家喻户晓，起潜移默化之功。这就是现实，这就是当代文学和作家的遭遇。在作家看来，的确是可悲的，然而这是历史的真实，而且是必然的真实，是大势所趋，不以作家的悲喜为转移。

是喜？是悲？我无法回答马老。如果非要回答，我只能说，是喜也是悲。悲喜交集，时运如此。

面对《夜谭十记》的再次火红，马老很想把原来和韦君宜一起计划好的《夜谭续记》重新完成，也算是对好友的纪念吧。

其实早在 2018 年 10 月，马老来北京举办书法展时，就曾跟我讲起他那年 1 月在医院终于完成了这部创作跨度近 40 年的讽刺小说集。这对一位年过百岁的老人而言，简直是不得了的事啊！要知道那时的马老已检查出癌症，正在治疗期间。这本《夜谭续记》的书稿，马老之前就已开始努力创作，而这次住院会使得书稿面临半途而废的可能。这时，马老想起了司马迁发愤写《史记》的故事，这使他深受鼓舞。马老决定自己要继续发愤而作，和病魔抢时间，一定要在有生之年完成这次创作。打定主意后，马老让孩子把稿纸带到医院，他要坚持写下去。治疗期间，无论是住院中还是出院后，马老一面积极配合医生治疗，一面坚持写作。医院里，医生护士们都觉得这位百岁老人得了这么危险的病，自己一点都不在乎，还在奋力写作，真是个怪人。马老却说："其实这毫不可怪，我就是要和病魔战斗到底，正像当年我做地下革命斗争不畏死一样。一个人只要不怕死，便会勇气百倍，一有勇气，更有力量战胜危险和痛苦。"

就在马老完成这本书的初稿时，他的保健医生告诉他，经过半年多的药物治疗，马老肺上那个肿瘤阴影竟然看不到了，验血检查指标也完全正常了。听到这个好消息，马老戏说道："咋个，癌魔和我斗，落荒而逃了吗？"

这位已过百岁的老人，在癌症的折磨下，依然凭着自己顽强的毅力和对文学的赤诚，以及对故友韦君宜的承诺，为中国当代文学史再次贡献出一部精彩的讽刺小说集。这本承载着马老诸多故事的"夜谭系列"第二部终于在今年 6 月出版发行。

回望马老"夜谭系列"这 78 年的创作历程，我感受最深的一点是：马老对于自己的文学创作一直有着坚定的信仰，那就是为人民而书写，为中国而书写，为我们的党而书写，他用自己手中的笔向我们描绘着中国这个古老大地上发生的故事。正如马老在 2018 年5 月出版的《马识途文集·自序》中所说：

> 我写的作品，如果可以叫作文学作品的话，那算是革命文学作品吧。我是想用我的一支拙笔，从一个侧面来反映中国人民的革命斗争生活，表现他们在外受列强侵略、内遭专制压迫的极其困难恶劣的环境中，仍能保持中华民族精神，前仆后继、英勇斗争的革命事迹。

马老常说，作为一名作家应无愧于这个时代。他创作的初衷就是要让读者知道：中国的确经历了一场伟大的人民革命，的确出现过许多民族英雄，世界上的确有崇高的事业。中国的民族精神、中国的英雄和他们所从事的神圣事业，中国人民永远不应该忘记。

马老是这样说的，也是这样做的。《夜谭续记》就是他在 106 岁时献给我们最好的一份礼物。

（《光明日报》，2020 年 7 月 17 日）

周有光与马识途

——惺惺相惜的世纪老人

周有光与马识途，这两位当代影响卓著的知识分子，一位是语言学大家，一位是著名作家，不仅在各自的专业领域成就斐然，而且他们对家国大事的关心与担当，他们崇高的精神世界与人格魅力，均令世人高山仰止。这或许也正是这两位世纪老人之间惺惺相惜的缘由所在。

106岁马老的新年愿望：庆祝党的百岁生日

2021年1月15日，农历腊月初三，"文坛常青树"马识途先生在成都家中迎来了自己的第106个生日。家人特地为老人定制了一个抹茶味的生日蛋糕。看到这个精致蛋糕，马老开心不已，他拿着刀小心翼翼地亲自切开，与亲朋好友一起分享自己的快乐。

对于新的一年，马老几天前曾对朋友谈到自己许下的两个"小小"心愿:"第一,今年7月1日是党的100岁生日,希望能为党庆祝生日。第二,中国作协第十次代表大会今年应该要召开了,我想去北京参加,我已经参加了九次作代会,这次去是想和大家告个别。"

看到马老许下的这两个心愿,我相信老爷子一定可以达成,因为在他的字典里就没有"投降"和"退缩"。马老有着超乎常人的坚韧与毅力,只要目标树立起,他就一定能达成。

在马老过生日的前一天,我收到老人从成都特意寄来的一个红红火火的大"福"字。这是我连续第4年收到马老的新年祝"福"。这幅红斗方的右侧写有两行小字"牛年为慕津锋老友祈",中间则书写下一个笔力遒劲的大大的"福",落款是"百〇七岁马识途"。107是马老的虚岁。

到2020年,我与马老相识整整20年了。20年的交往使得我们成为忘年之交。在我心中,马老就像是一座万仞之山,让我高山仰止、心向往之。刚过去的2020年,对于马老而言,有着非同一般的意义。这一年,马老不仅迎来了自己在这个世界的第105个年份,而且还迎来了自己文学创作的第85年(1935年1月,马老以笔名"马质夫"在叶圣陶编辑的《中学生》杂志第一次正式发表文学作品《万县》)。也就是在2020年7月5日,马老在出版《夜谭续记》后郑重宣布自己"封笔"。历经85载文学创作,马老为我们贡献了730余万字的文学作品,其体裁十分广泛。这一年,还是马老从事书法创作第100个年头。1920年,马老5岁启蒙,开始书法练习。100年的书法练习,实在是不简单哪!这一年,还是马老入党第82年。每一个数字背后,其实都是这位老人丰富的人生与历史。

去年,当马老迎来自己105岁生日时,我很想做点什么,为老人送上一份特别的礼物。考虑良久,我决定做一份"马识途创作八十五年文学年表",用以记录这位老人的文学足迹。时至今日,该年表已基本整理完成，即使是简单罗列马老作品的创作时间和发表时间，最后数字也多达 33973。

垂老初交惟憾迟，听君一席坐春风

在查阅资料的过程中，我偶然发现马老在 2017 年 2 月发给我的一篇他从未发表的文章《怀念周有光老人》，这让我十分意外。2018 年 6 月，四川文艺出版社出版了最新的《马识途文集》（18 卷本）。而该文并未收入其中，可算是一篇极具史料价值的佚文。

我认识周有光先生很晚，慕名已久却无缘识荆。一日在京和老友张彦（《今日中国》原副主编）说起，恰他是周老旧友，于是便引我去周老家拜访。我们寻寻觅觅，终于在人民文学出版社的背后找到了坐落在后拐棒胡同的一幢旧楼，这便是周老家所在地。我们沿楼内陡梯上到三楼，走进周老的家，来到他窄狭的书房。书房两壁书架的中间，靠窗有一张三尺小桌，周老坐在桌前一边的椅子上。经介绍后，他请我在他对面的木凳上落座，那是一个陈旧的凳子，我坐上去只听得叽叽咯咯一阵响，很耽心会把凳子坐垮了，周老似乎并不在意。

虽然当时我和周老是初次见面相识，可他却如见老友一般，像摆家常放言恣肆地高谈阔论起来，语多幽默机智，言人之未能言，言人之未敢言，使我大开脑筋。

……我们问他长寿之道，当时他已近百岁，他幽默地说，大概上帝把他忘记了吧，一直没有召唤他。引得大笑。他说，古来皇帝为了长寿，没有不去求仙的，可哪有一个活过一百岁？现代许多富豪人家，总是怕死，其实怕死才是催命鬼，任你花钱吃名贵补药，甚至求神拜佛，但有几个活到一百的？关键是人到百岁不言老，真到点不请自去，如此达观，才能长寿。

我听了周老关于人生哲学的至理妙言，感佩无已。回来后作了一首七律诗，写成书法，连我的文集十二卷送给他。我的七律诗是这样写的："行年九七未衰翁，眼亮心明耳尚聪。西学中文专且博，语言经济贯而通。无心闲侃多风趣，恣意放言见机锋。垂老初交惟憾迟，听君一席坐春风。"周老看了很高兴，把我纳入他的朋友行列。他每出版一本书，都要签名寄我一本，前后已有三四本，都是文短而意长，言浅而思深，其中一些幽默而略带辣味的话语，更启人思考。我还把周老的长寿之道融入我与家兄马士弘斟酌写成的"长寿三字诀"中，据说此三字诀经报刊登出后，不胫而走，全国流传，实在是转述周老的要言妙道而已。

后来，我只要去北京，必争取去看望他，每次一见面，必大放"厥辞"，互相交流切磋。还记得大约是他年已逾百后的某一年，我已经有98岁了，到北京后去看望他，仍是一如既往，放言恣肆。说到不言老却偏言老的话题，我随口念了我作的顺口溜："老朽今年九十八，渐聋近盲唯不傻。阎王有请我不去，小鬼来缠我不怕。人生能得几回搏，栽个筋斗算什么。愁云忧霾已扫尽，国泰民安乐无涯。"他听后抨掌大笑，如一顽童。

现在周老走了，我那与我一起共同拟得"长寿三字诀"的兄长也在他进入105岁那年走了。我今年已近105岁，却还老是想起周老的人生哲学和长寿之道，不自惭形秽，也不是鲁迅说的那种无聊之人，借死去的人不能说话之机写纪念文章以自衔，我已近瞎渐聋，还摸索着执笔写这篇纪念文字，了我心愿而已。

2016年底，我曾为《传记文学》杂志组过一期周有光专题，那时周老的身体已非常不好。当时我向马老约过稿，马老答应考虑。后来因为有事耽搁，马老没有写稿。不久，周老在过完111岁生日后便驾鹤西去。周老去世后，马老特意写了这篇悼文发给我。

从该文可知，马老和周有光先生相识并不早。我在马老《未悔斋诗抄》中，曾看到他2002年创作了一首《七律·初交国家文字改革委九七翁周有光大师》。由此可见，他们应相识于本世纪初。

读完马老这篇怀念文章，我不禁想起了2011年我曾有幸促成两位老人相见，并亲耳聆听他们交谈的往事。虽已过近10年，但这段场景我却一直记忆犹新。

2011年春，马老从成都到北京探亲访友，并在京接受《口述历史》摄制组的采访。有一天，我去马老大女儿吴翠兰老师家看望他。经过将近一个月的拍摄，已是96岁的马老精神状态非常棒，红光满面，毫无疲倦之色，说话声音还是那样洪亮。马老拉着我的手告诉我，拍摄很顺利，可能过一阵他就要返回成都。我靠近马老，大声问："那您最近在北京还有什么事需要我做的？"马老低头想了想，而后说道："其他倒没什么了，我最近很想去看看一个老朋友周有光。我们几年前见过一面，但我没他的联系方式，现正托朋友打听。"

一听是找周老，我笑着对马老说："您不用费心。我现在就帮您联系，我跟周老比较熟，每年我都要去看他两三次。他家阿姨还是咱们四川人呢。"说完，我便拿起手机给周老家打电话，凑巧是那位四川阿姨接的电话。一听是我，这位老乡很是热情。我告诉她来自四川的马识途老先生这几天想去拜访周老，不知周老是否有时间。老乡让我稍等一下，她现在就去问问周老。几分钟后，她在电话中回复，周老随时欢迎马识途老先生到访。马老一听很高兴，跟我说越快见面越好。就这样，我和老乡约好：5月24日上午，我们去家中看望周老先生。

2011年5月24日上午九点半左右，北京的阳光温暖而和煦。我开车陪着马老来周老家中。周老所住的这栋红砖楼房没有电梯，这对已经96岁的马老而言确实很有些困难。马老爬楼梯时，右手紧紧握着栏杆，左手则有力地拉着我，我则小心翼翼地搀扶着马老，一步一步走到位于三层的周老家。

当我们走进书房，周老已坐在那里。周老穿着白色衬衫和浅色毛坎肩，看上去还是那样精神矍铄。周老因为腿脚不便无法起身，只能坐在书桌旁的椅子上向马老微笑招手。一见到周老先生，马老边挥手边大声地自报家门："周老，四川的马识途又来看你了。"

周老双手抱拳道："天气那么热，你还来。谢谢！谢谢！"随后，周老双手示意马老坐到他书桌的另一边，这样他们好面对面说话。

马老坐定后，从包中拿出两幅书法亲自递到周老面前，高声讲道："周老，我这有一个拜门帖，我马识途拜门来了，你看一下哈。"马老左手拿住书法的一角，右手一字一字指着大声读给周老听：

> 百岁已早过　茶寿已到门　大师曾自许　百十一归田
> 后学为预卜　百廿老寿仙　春蚕丝未尽　传文待新篇

"周老，我这次来，还把上次你97岁时，我来看你时写的一首旧诗又抄了一遍，这次我也拿过来了。"

诗云：

行年九七未衰翁，

眼亮心明耳尚聪。

西学中文专且博，

语言经济贯而通。

无心闲侃多风趣，

恣意放言见机锋。

垂老初交惟憾迟，

听君一席坐春风。

"周老，你后年108岁，我今天买了108朵鲜花，预先祝你茶寿，我希望你活到120岁。"说到这里，马老示意随来的家人把他精心挑选的鲜花递给周老。

周老高兴地接过鲜花，闻了闻花香，不住地点头，连连抱拳向马老表示感谢："过了100岁，人就很自然地退化，尤其是耳朵坏了，记忆力也差了。我以前知道的许多事现在都忘了，但还好思维退化得还慢些。"

马老听后，点头表示赞同："我这次来，看你身体各方面机能都很好，特别是思维，一点都没有减退。周老，我这次来，是想向你请教一个问题。你在文章中谈到中国发展的问题，我很赞成你的观点……"

周老认真地听马老讲完，稍微沉思了一下，说道："我的看法是：历史发展道路总体上只有一条。这就好比开运动会，大家都在跑道上比赛。一开始有的人跑在前面，有的人跑在后面。跑在后面的人只要努力一下也是有机会跑在前面的，跑在前面的一不当心就有可能落到了后面。我80岁后就离开办公室，在家里随便看看书，随便写写，我的这些看法是靠不住的。"

听周老这么讲，马老连忙摆手道："周老，你的看法哪里是靠不住的？靠得住！你的观点，你的许多著作我都读过。我把你送给我的著作也给我周围的朋友看了，大家都觉得你的思维敏锐、前卫，不像一个百岁的人。"

听到这里，我突然想到之前看过一篇文章，文中讲周老在2005年100岁时，提出了"终身教育，百岁自学"的理念。周老不但这么说，还身体力行地这样做。他100岁时，出版了《百岁新稿》；104岁时，出版了《朝闻道集》；105岁时，出版了《拾贝集》。而且他的研究横跨经济、语言、文化三大专业，还通晓汉、英、法、日四种语言。这位老爷子真的是太厉害了！一个百岁老人尚且如此珍惜时光努力著述，而我这个年轻人呢？实在汗颜！

爱思索的周老不仅喜欢写文章，而且还很喜欢聊天，只要身体允许，他就愿意跟朋友们聊到尽兴。他的口才，早年好友聂绀弩就曾特作打油诗一首赞之：

> 黄河之水自天倾，
> 一口高悬四座惊。
> 谁主谁宾茶两碗，
> 蓦头蓦脑话三千。

周老听到马老的夸奖后笑了笑，他用手帕擦了擦嘴，接着谈道："北京发展很快，我记得1955年底，我当时还在上海，被叫到北京开会。开完会，周恩来总理就把我留在北京，让我搞文字工作。1956年我搬到北京，北京当时几百万人，现在北京是1900万人。北京的大发展一直到改革开放才真正开始，以前30年北京是不怎么造房子的。改革开放开始大批建造，我的房子就是当时第一批建的，那时是很新的建筑。快30年了，现在这房子落伍了。我现在老了，也不想搬家，老年人最害怕搬家。北京现代化很明显，特别是地铁不断开通。我们中国现在搞经济现代化水平还不是很高，我们不能太得意，还要多向别人学习。"

马老边听边表示认同："周老，你这60年经历了很多，尤其是你创造的汉语拼音对中国影响很大呀。"

周老连连摆头道："不敢当，不敢当。关于汉语拼音，我只是一个参与者，我所做的微不足道。我本来是搞经济的，汉语拼音当时就有人跟我说那是小儿科，叫我还是回去搞经济，我说我回不去了……"

"周老，我记得在上海求学期间，上海也兴起了'拉丁化新文字运动'。后来，竟还有人提出废除汉字。"马老适时地提出了一个问题。

周老沉吟了一下，很严肃地答道："我认为汉字是没办法否定的，废除汉字也是不可能的。这不是'应不应当'的问题，而是根本就做不到的问题。我们提倡汉语拼音是来帮助汉字的，而不是来代替它。我们过去也用过从日本传来的一种汉语拼音法，现在台湾还在用，但是那种不好用，现在台湾也决定要学习大陆的汉语拼音方法。我们当时用了三年创造汉语拼音，又用了三年根据国际标准化准则讨论它的可用性，花那么多时间我认为是应当的，那时我们对这件工作还是很慎重的。"

我是第一次听周老谈起汉语拼音工作，在不多的话语中，我能真切地感受到周老这一代知识分子在研究上的认真与审慎，令人敬佩。

随后，两位老人又谈到周老的夫人和她那著名的"张氏四姐妹"。她们是民国时期苏州乐益女子中学校长张冀牖的四个女儿：张元和、张允和、张兆和与张充和。

周老笑着跟马老聊道："老大活到95岁；老二活到93岁，她是我的夫人；老三也活到93岁，她是沈从文的夫人；老四现在还在美国，98岁，她嫁给了美国人，前几天她给我打电话，我耳朵不好，听不清。"

在周老书房的墙上，依旧挂着一张他与夫人晚年在花丛中的合影，相濡以沫，举案齐眉，琴瑟相和，怎样美好的用词都不为过。

听周老讲完张氏四姐妹后，马老从桌上的包中拿出了一本内部杂志递给周老，介绍说这是他1980年参加中央党校高级研讨班时的笔记，"今年，中央党校出版社要出我这本《党校笔记》，请你有时间看看。"

"周老，今年冬天中国作家协会要在北京开作代会，我还要来北京。到时，我还要来看你。你多保重！我今天就不耽误你太多时间了，你好好休息！"说完，马老起身与周老紧紧握手告别。

"好的，谢谢你！请你原谅，我腿脚不好，不能送你到门口了。保重！保重！"周老坐在椅子上，双手握拳，与马老告别。

两位世纪老人的这次谈话，让我看到了他们的宽广的心胸与深厚的家国情怀。他们以天下为己任，百岁高龄却依旧牵挂着国家和我们这个饱经磨难的民族。他们，值得我致以最崇高的敬意。

"马识途是我敬佩的一位同志"

2011年底，马老从成都来北京开第八次全国作代会。会后，马老留在北京小住一段时间，他准备趁这个机会向中国现代文学馆捐赠他的《党校笔记》手稿和新书著作。

一天，我正在单位上班，马老打电话给我，希望我方便的时候能到他那里去一趟，有一件很重要的事，希望我能帮他去办。我赶紧开车赶过去。见面后，马老郑重地将一本他已签好名的《党校笔记》交给我，请我替他转交给周老。那一阵北京天冷，马老害怕亲自去送会过度打扰周老，所以请我代劳。

能为这两位老人办事是我的荣幸。能再去看看周老先生，我求之不得。这样，我就又可以和这位"老神仙"好好聊聊了。

第二天一早，我拿着《党校笔记》登门拜访周老。周老依旧在书房接待了我。他坐在书房的椅子上认真地翻阅着《党校笔记》。翻看了几页后，周老点了点头说："马识途是我敬佩的一位同志。"

我很有感触地跟周老讲："马老也是这么说您的。你们这可真是大家之间的惺惺相惜。您前一阵出了本书，谈了您对天下大势的思量。马老也不甘落后，把自己 30 年前在中央党校的笔记重新翻出来出版，书里面许多高级干部当时的观点到现在都被证明是对的。有些观点现在看来都是超前与大胆的，但细细思量后发现对我们的国家是有益的。马老常说在自己的晚年，要说一些对这个国家、这个民族、这片土地有益有用的真话。您看你们一个 106 岁，一个 97 岁，到了晚年依旧每天在学习、在关注天下，不停地思考与写作。你们每天看书、看报、上网、读刊，这样的学习已成为你们生活中的一个重要组成部分。再看看我自己，实在是羞愧。"

周老听后摆了摆手。那天周老精神状态很好，谈兴很浓，他跟我谈起了对当时一些世界大事的看法，足足聊了两个小时。能跟这位充满闪光思想的老人交流，真是我的福气。

2017 年 1 月 14 日凌晨，刚刚过完自己 111 岁生日的周有光先生走了。远在成都的马老得知此事后，很是感伤。他特地委托二女儿马万梅老师从成都给我打来电话，希望我能代他给"远行的"周老送去一束鲜花，送上他的哀思。

几经辗转，我终于联系上负责周老后事的同志。在我表明来意后，他们同意我前往周老家中祭拜。当我再次走进周老那间书房时，那熟悉的桌椅都在，只是那位从民国走来的老人走了。

当我把马老的鲜花放在周老照片前，我在心中默默地告诉已经远行的老人："周老，成都的马识途先生让我代他来送您，您一路走好！"随后，我对着周老的照片深深地三鞠躬，这三鞠躬既代表马老，也代表自己。

我时常记起周老与马老他们对我的教诲，这些教诲让我终身受益。每次与周老见面，他总是告诉我，年轻人"不要从国家看世界，要从世界看国家"，要有大局观，要心怀天下。

马老则常告诫我："为天下立言乃真名士，能耐大寂寞是好作家。"

老人们说给我的这些话，我作为一名文学小兵，一直谨记心中。

从他们身上，我看到了中国知识分子的脊梁。他们用自己的言行告诉我如何去做一个正直的人，一个有信仰的人，一个对国家充满爱的人，一个对民族有益的人，一个不虚度年华的人，一个谦虚的人。

每每有人提到周老对中国汉语拼音所做的贡献时，老先生总是很谦虚地说："我只是一个参与者，我所做的微不足道。"

每每有人赞叹马老著作等身、成就斐然、名满天下时，这位已入党82载、从事文学写作已85个春秋、练习书法满百年的老人却总是谦虚地说："我是个不成器的作家，从不敢以书法家自命。""我没有终身成就，只有终身遗憾，我为自己没能将记忆中更多、更好的故事写成文学作品感到遗憾。"

2020年7月，马老在成都正式宣布"封笔"。对于喜欢马老文学作品的读者而言，这无疑是一个巨大的遗憾。但幸运的是，马老只是"封笔"不再进行文学创作，他极具特色的书法还是应该会继续写下去。马老的隶书历经百年，老辣苍劲、大气磅礴，独具魅力，而且还常有独具匠心的变体。其笔墨在行走间有金石声、松柏意，古朴之中间或跳脱。

马老曾在中国现代文学馆举办过三次书法展（2005年九十寿辰书法展、2014年百岁书法展、2018年马识途书法展）。这也是截至目前，唯一一位中国现代文学馆为其举办了三次书法展的作家。这在中国当代文坛也是一个纪录。真希望马老110岁的时候，我们还能再次在北京等来这位老人，为他举办"110岁书法大展"，聆听他的讲话，感受他的情怀。也无比期待在今年的中国作家协会第十次全国代表大会上能再见马老！

（《光明日报》，2021年1月22日）

追忆杨绛先生

前几天，在书店买书时，我偶然看到一本生活·读书·新知三联书店再版的杨绛先生作品《我们仨》。书做得简洁、雅致，腰封中写有这样一段话：

> 现在我们三个失散了，剩下的这个我，再也找不到他们了。我只能把我们一同生活的岁月，再重温一遍，和他们再聚聚。

在书的背面，印有杨绛先生的另一段话：

> 我们这个家，很朴素；我们三个人，很单纯。我们与世无争，与人无争，只求相聚在一起，相守在一起，各自做力所能及的事。碰到困难，锺书总和我一同承担，困难就不复困难；还有个阿瑗相伴相助，不论什么苦涩艰辛的事，都能变得甜润。我们稍有一点快乐，也会变得非常快

乐。所以我们仨是不寻常的遇合。

翻看此书，我突然想到今年是杨绛先生诞辰 110 周年。时间过得真快，先生离开我们已经 5 年了。5 年的时光不算短了，但先生留给我的记忆却依旧那样深刻。直到现在，我还是会不时地想起我与先生的交往点滴。先生的书，我也会抽空拿起重翻一下。

在先生的著作《我们仨》中，我最喜欢这样一段话，

> 我只变成了一片黄叶，风一吹，就从乱石间飘落下去。
> 我好累地爬上山头，却给风一下子扫落到古驿道上，一路
> 上拍打着驿道往回扫去。我抚摸着一步步走过的驿道，一
> 路上都是离情……

每次读到这里，我总在想：先生在写这个段落时，她是怎样的心境？

1997 年 3 月 4 日，先生唯一的爱女钱瑗离世；一年九个月之后，1998 年 12 月 19 日，陪伴了自己 63 年的丈夫钱锺书去世。曾经让世人艳羡的"我们仨"，只剩下 87 岁的先生茕茕孑立、踽踽独行，一个人在这世间孤独地"守候"着他们的家。

家人离世后的第四年，先生用自己手中的笔，以平实而细腻的语言，用心记述下那个曾陪伴她 63 年的"家"的点点滴滴，向世间讲述了一个属于她的善良美好的"家"的世界。在平淡朴实的话语中，我们感受到先生对故去的亲人是多么不舍，对那个"家"是多么眷恋。

在随后的岁月中，先生凭着自己的坚韧，在近 18 年的时间中，继续平静地生活与前行，并寻找自己的归途。终于在 2016 年 5 月 25 日，她"走回"了自己的"家"，找到了自己日思夜想的丈夫、女

儿。我相信，在家人身旁，先生一定又找回了属于自己的真正的快乐，她从此将不再孤单。

一

我因征集与杨绛先生结识，在征集生涯中，我曾认识过许多百岁老人，而先生是在他们中最为安静的一位。先生从不会主动说话，很多时候都是我说她听，遇到她感兴趣的话题，她也会偶尔与我交流几句。

在与先生交往的岁月中，其实我读她的著作并不多，对她的了解也不是很深。在先生去世后，我才开始认真阅读她的作品，翻看有关她的传记，并开始有意识地关注馆藏中有关她的一些档案资料。在一次整理库房书信时，我看到1996年杨绛先生写给上海老友诗人王辛笛的一封信札。这是杨绛先生在照顾生病中的女儿、丈夫时抽空写的一封书信。出于好奇，我对这封书信档案进行了认真梳理，这让我对先生有了进一步的认识。

信的全文如下：

> 辛笛诗人吟几：久阔音问，想起居佳胜，为祷为颂。顷奉惠赐浙江版《手掌集》，不胜感喜，大著列入中国新诗经典第一辑，可喜可钦，实至名归，当之无愧也！敬为祝贺。
>
> 锺书重病住医院已逾二载，小女患腰椎骨结核住院医疗亦已八阅月，我劳瘁殊甚，草此致谢并颂
>
> 贤伉俪幸福绵绵
>
> 阖府安吉！
>
> 杨绛
> 一九九六年九月十九日

　　1996 年 4 月，上海"九叶派"诗人王辛笛先生早期代表作《手掌集》被浙江文艺出版社列入《中国新诗经典》第一辑而出版。出版后，王辛笛将新书寄给北京的老友钱锺书、杨绛夫妇。收到赠书后，杨绛先生很快便回了此信。

　　在杨绛先生给王辛笛先生回信时，由于女儿钱瑗的隐瞒，杨绛先生并不知道自己的女儿已是癌症晚期。她在给王辛笛先生写信时，还只是说"锺书重病住医院已逾二载，小女患腰椎骨结核住院医疗亦已八阅月，我劳瘁殊甚"。对一位老人而言，看着两位至亲重病，那种悲苦的心境可想而知。杨绛先生咬牙坚持着，她多希望自己的丈夫、女儿能好起来，让"我们仨"能重新在一起。杨绛先生作为妻子、母亲，拥有着中国女性特有的关怀与慈爱，她淡泊而坚韧，她内心坚强而柔软。当好友王辛笛先生从外地寄来诗集，杨绛先生从内心为这位与自己相识近 60 年的老友高兴，她首先恭喜老友的《手掌集》被列入《中国新诗经典》第一辑"可喜可钦"，随后又送上自己的评价"实至名归，当之无愧也"，并希望老友能与自己的爱人徐文漪"幸福绵绵"，一家人"阖府安吉"。

　　谈及杨绛先生与王辛笛先生的相识，还要感谢他们共同的好友盛澄华。1937 年，在英国爱丁堡大学学习英国文学的王辛笛，受在巴黎留学的好友盛澄华邀请，趁春假前往巴黎会友。王辛笛到达巴黎后，住在拉丁区盛澄华寓处。而这时，钱锺书、杨绛夫妇也由英国牛津大学来巴黎大学进修。1937 年春，当王辛笛和盛澄华在街头漫步时，常会与同住拉丁区与盛澄华所住相距不远的钱锺书、杨绛夫妇不期而遇。因为盛澄华的缘故，王辛笛与钱锺书、杨绛夫妇也都知道了对方，他们当时大多相视一笑，未多作交往。但也就从那时起，王辛笛先生与钱锺书、杨绛夫妇开始相识。

　　抗战爆发后，钱锺书夫妇、王辛笛先后回到国内。1941 年夏，钱锺书从湖南回到上海探亲。不久，太平洋战争爆发，日本对中国的侵略更加肆无忌惮，钱锺书和杨绛被困在沦陷的上海。其间，钱锺书与杨绛饱经忧患，倍感世态炎凉，而贫与病总是相连，钱锺书每年生一场病。此时，王辛笛在上海金城银行任职，因其薪资较为丰厚，故家庭境况要好些。那时，钱锺书、杨绛所住的拉斐德路与王辛笛家所在的霞飞路相距较近，他们之间来往较之别人要多一些。那时，王辛笛常请钱锺书、杨绛夫妇和一些朋友相聚。对此，杨绛先生在《我们仨》中曾有简单记述：

> 这时期，锺书经常来往的朋友，同辈有陈麟瑞（石华父）、陈西禾、李健吾、柯灵、傅雷、亲如兄长的徐燕谋、诗友冒效鲁等。老一辈赏识他的有徐森玉（鸿宝）、李拔可（宣龚）、郑振铎、李玄伯等，比他年轻的朋友有郑朝宗、王辛迪、宋悌芬、许国璋等。李拔可、郑振铎、傅雷、宋悌芬、王辛迪几位，经常在家里宴请朋友相聚。那时候，和朋友相聚吃饭不仅是赏心乐事，也是口体的享受。

那段时间，在夏天的晚饭后，杨绛先生常陪着钱锺书先生出来散步，他们常到霞飞路中南新邨王辛笛先生家闲谈。钱锺书是很健谈的人，博闻强识，听他古今中外地聊天，听者可以不出一声，全由他一人说，幽默、讽刺、俏皮，丰富精彩的比喻、入木三分的形容，对听者而言是一种难得的享受。钱锺书先生的言语常常让人开怀大笑，却又有回味。王辛笛先生常与钱锺书先生进行切磋，而杨绛先生则总是笑眯眯地在一旁听着。

对于在那段上海沦陷岁月中，王辛笛先生给予自己和杨绛的帮助，钱锺书先生在1973年与王辛笛先生以旧诗唱和时，就曾专门创作过一首七律回忆此事。

降魔破睡懒收勋，长日昏腾隐几身。

却遭茶娇故相恼，从来佳茗比佳人。

雪压吴淞忆举杯，卅年存殁两堪哀。

何时榾柮炉边坐，共拨寒灰话劫灰。

　　注：忆初过君家，冬至食日本火锅，同席中徐森玉、李玄伯、郑西谛三先生，陈麟瑞君皆物故矣。

　　抗战胜利后，暨南大学迁回上海，钱锺书先生到宝山路暨南大学文学院任教，他与杨绛先生的家也搬到离学校较近的蒲石路。因距王辛笛先生住处很远，他们的来往少了许多。

　　抗战胜利后，我辛笛先生诗歌创作进入一个高峰期。1948年1月，王辛笛先生在曹辛之主办的星群出版社出版了自己第二本诗集《手掌集》。该书出版后，王辛笛先生亲题签名，送给自己的好友钱锺书、杨绛夫妇。

　　1973年，在上海的王辛笛先生对钱锺书、杨绛夫妇等友人的思念与日俱增。一次，王辛笛先生趁从奉贤干校回上海休假之际，小心翼翼地试着将一首诗寄给钱锺书、杨绛夫妇，没想到很快就有了回信。王辛笛先生喜不自胜，当即又作了两首七绝寄去。从此王辛笛先生和钱锺书先生很长一段时间在京沪两地以诗唱和往还。1993年夏，王辛笛先生在上海惊闻钱锺书先生因病损去一肾，十分惦记，便写信问候。钱锺书先生当即回信，很关切地询问起王辛笛先生的健康状况。这对清华老学友相濡以沫之情，令人动容。1997年3月4日，钱瑗因患脊椎癌去世。爱女的去世，对病中的钱锺书先生打击很大。1998年12月19日，一代鸿儒钱锺书先生在北京逝世，他永远地离开了杨绛先生和他的朋友们。辛笛先生得知消息极为悲伤，当即写下七绝二首寄托哀思：

默存淡泊已忘年，学术钻研总率先。

何可沉疴总不起，临风洒泪世称贤。

伤心爱女竟先行，此日西游孺慕迎。

洗尽铅华遗着在，是非千古耐人评。

一封22年前的书信，让我感受到当时已是85岁高龄的杨绛先生，在接连面对爱女、丈夫重病时，其内心的坚强与悲伤。但任凭杨绛先生怎样努力，她挚爱的女儿、丈夫还是先后去世。钱瑗临终时，与母亲手握着手，静默无言。两个小时后，她对母亲说："妈，我累了，想睡觉了。"杨绛先生轻轻地点了点头，为女儿披了披被子，温声说："那你就好好休息吧。"这就是杨绛先生与女儿的诀别。12月19日清晨，钱锺书先生溘然病逝。当杨绛先生赶到病床前时，丈夫已经合上了眼睛，只是身体尚有余温，杨绛先生轻轻在他耳边说："你放心，有我哪。"

遵照丈夫遗愿，杨绛先生没有举行任何悼念仪式，她恳辞了所有的花篮花圈，并且不保留丈夫骨灰，她要让钱锺书先生干干净净地来，干干净净地走。

面对丈夫的离世，杨绛先生曾说："锺书逃走了，我也想逃走"，但是"我压根儿不能逃，得留在人世间打扫现场，尽我应尽的责任"。她的责任就是要整理钱锺书先生还没来得及公之于众的学术成果，为了让"死者如生，生者无愧"，早已身心交瘁的杨绛先生开始了对丈夫全部手稿的整理排编，在钱锺书先生曾经伏案工作的那张大写字台上，杨绛先生开启了长达14年的钱锺书先生全部学术遗物的整理工作。2011年10月，一份由杨先生精心整理的钱锺书先生阅读中国古代典籍笔记手稿《钱锺书手稿集·中文笔记》出版发行。除此之外，杨绛先生还在2003年93岁时出版了自己的

追忆杨绛先生

055

散文随笔《我们仨》，2006年96岁时出版了哲理散文集《走到人生边上》，2012年102岁时出版了250万字的《杨绛文集》（八卷本），2014年104岁时出版了自己的新作《洗澡之后》。

先生是我见过的最为勤奋的女作家，也是最为恬淡的老人。时至今日，先生留给我的印象依旧是那样深刻。

二

我认识先生已有16年，第一次见面应该是在2000年。那时，我还是一个刚刚进入中国现代文学馆的毕业生，一个十足的毛头小伙。当时我陪着室里的一位大姐一起去看望杨绛先生。记得我们刚进客厅时，先生并不是很高兴。原因是我们单位在2000年开展的"中国现当代文学史"展上将先生和某位女作家的照片放在了一起。那位女作家在1942年到1945年的华北沦陷区有一定影响，其中她的一本书还获得了当时由日本侵略者举办的第二届大东亚文学奖。先生一直是一位爱憎分明的人（在上海沦陷时，面对侵略者日本兵的无礼挑衅，杨绛先生毫不畏惧地当面大声呵斥道："岂有此理！"那个日本兵被杨绛先生的气势吓了一大跳，其后悻悻离去）。2000年我馆展览开展后，先生得知此事，专门写信给中国现代文学馆，表示不愿与这位女作家放在一起。因在沟通中出现了一些误解，先生有些不满。我们这次去，就是负责化开误解。

先生给我的第一印象是：个子不高，眉清目秀，清清静静，典型的江南女性。先生讲的一口无锡语调的普通话，声音很轻，语速不快。那时的我，作为初来者只能在一旁安静地坐着，一边听同事和先生交谈，一边仔细打量着先生的客厅。

先生的客厅很有特点，摆设也非常简朴。因为没有装修过，所以客厅还是水泥地，客厅中间安放着一张大写字台，写字台对面，紧靠西墙安放着两张沙发，西墙上还挂着两幅字和一幅画。客厅东、北两面，靠墙整齐地摆放着书柜，北面书柜上方，摆放着钱锺书先生和钱瑗女士的照片。南面是一溜明亮的玻璃窗。房间给人的感觉整洁、简单。我没想到这样一位文坛大人物竟住得如此简单。但我又能真切地感受到：此屋虽没有昂贵的摆设，却充满了一种浓浓的书卷气与书香味。现在想来，这是一种多么简朴却又让人羡慕的生活方式。

因为我们的登门拜访，和对照片位置调整的承诺，此事很快得到了圆满解决。

这次见面后，有时间、有机会我就会和那位同事一起去给先生祝寿、拜年。随着时间的推移，我渐渐成为先生家的常客。

三

从那次登门之后，我每年都会去给先生祝寿，让我印象非常深刻的是 2010 年的那一次。那年 8 月的一个晚上，我当时正在位于北京东三环的《人民文学》杂志社加班整理《人民文学》捐赠我馆的手稿、书信等资料。我一直工作到晚上 7 点半左右，不知为什么，我突然想到：今天是不是杨绛先生的生日？我赶快打开记事本，一查还真是。我赶忙结束手头的工作，飞奔下楼，到门口打上车直奔杨绛先生居住的小区。因为时间太晚，而且我没任何准备，也不知这附近哪里有地方能买鲜花。先生喜欢养花，每年去看她的时候，我们都会买鲜花。这次是来不及了，到了小区门口，我赶紧在小卖部买了一些营养品。提着礼品，我就往先生家跑。刚跑进大院门口，我迎面就碰见先生的保姆吴阿姨，她当时是要出小区办事。因为天黑，吴阿姨当时并没有认出我，我跑上去喊住了吴阿姨并表达了来意，我跟吴阿姨说：

"我也不知道杨先生是不是已经休息了？不敢贸然打扰。今天是杨先生的生日，本来应该白天联系过来的，但最近遇上一件比较赶时间的征集工作，我给忙忘了，实在不好意思。我很想当面跟杨绛先生说声生日快乐！如果方便，我就耽误几分钟；如果不方便，我就帮您把礼品提到家门口，我不进去，就请您转达我们文学馆人对杨先生的问候。"

吴阿姨看着我大晚上从东三环打车过来，还提着那么重的礼物，跑得满头大汗，很感动，她并没有埋怨我这样的不期而至和"强行拜访"。吴阿姨带着我来到先生家中，先生当时穿着一件白色的短袖衬衣正坐在沙发上，吴阿姨走近她大声地介绍着我的来意，先生微笑着冲我招招手。我赶忙跑上去，拉着先生的手。

看着我大汗淋漓，先生微笑着对我说："谢谢！谢谢你，这么热的天，还特意跑过来给我过生日。实在过意不去。"

我说："能来给您过生日，是我的福气。握着您的手，我也沾沾您这位老神仙的仙气。我代表中国现代文学馆全体同事祝您生日快乐！福如东海，寿比南山！现在天热，您多注意身体。今天时间太晚了，我不敢耽误您休息。今天我的不请自来给您添麻烦了，还请您多包涵。"

先生笑着说："我很高兴，谢谢你。"

我知道先生生活极为规律，是最不喜欢别人打乱她的生物钟的。我赶忙起身，向先生挥手告别。

四

跟先生照相并不容易，她总说自己太老了、太丑了。如果访客未经她许可，准备照相，先生会很不高兴。有一位先生的好友跟我讲过一件事。有一次在征得先生同意后，她带着一位记者去采访先生。采访结束后，记者想为先生拍一张照片用于文中，但因事前没沟通好，先生便当场生气地拒绝了，弄得场面有些尴尬。我记得有一年春节我们去看先生，拜访快结束了，我们都想跟先生合影，我本能地拿出照相机就要照，先生这次倒没有生气，只是坐在沙发上像个孩子似的害羞地捂住了脸，"太丑了，就不要照了吧！"我赶紧说："先生，今天阳光很好，您气色也很好，我们很想跟您合个影，留作纪念。您看好吗？"这时候，吴阿姨也上去帮我们说话。先生最后提出她要进屋换一身干净、得体的衣服再照，她身上这衣服不太好。没想到先生照相也如此认真，既然要照，就要给合影人留下最美好的样子。直到现在，我还留着这张照片。

后来，我还听到先生与周有光先生见面的一个故事。故事的情节，与这次照相有一些相同。

周有光先生和杨绛先生，他们一位是我国的"汉语拼音之父"，一位是我国著名女作家、翻译家；一个110岁，一个105岁。我一直以为他们早就认识，毕竟他们就生活在同一座城市，而且他们是同一时代的高寿名家，应该会有很多机会结识。但直到2016年初，我才知道两位在2015年以前从未见过面。我每年去给两位先生祝寿的时候，都会提到对方。周先生很喜欢跟我聊天，我也常常在他面前谈起杨绛先生。每次去看杨绛先生，当她对我说"我太老了，耳朵也不灵，记忆力也不行了"时，我就对先生说："您可不老，您知道吗？在北京城还有比您岁数更大的，周有光先生可是大清光绪三十二年——1906年生人，您可比他年轻5岁。"听到这里，先生总是笑着说："我知道他。"

2015年5月22日，这两位德高望重的先生终于在北京协和医院完成了"历史性的会面"，两人当时都在协和医院住院治病。当周先生得知杨绛先生也住在同一家医院，而且还是同一座楼时，便提出想去探望的想法。但一开始，杨绛先生拒绝了，理由是：她觉得自己正生病，精神状态并不好，不想见人。她觉得等她有更好的状态时，她再去见周先生。周先生却说："错过今天，我们也许再也没有机会见面了。"

在周先生的坚持下，保姆将周先生推到杨绛先生的病房，杨绛先生见周先生坐着轮椅过来看她，一脸羞涩，彼此说的第一句话便是："久闻大名。"2016年，我曾当面求证过周先生，周先生笑着默认了此事。

五

我和先生认识那么多年，从来没想过买本书请先生给签个名或题个字。我总是怕给先生带来不必要的麻烦。现在想来，实在是件憾事。我手中只有与先生的几张合影。但这几张合影现在看来也是弥足珍贵了。

2021年初，我再次调回征集编目部从事征集工作。在与同事交接工作资料时，我在一本签名簿中再次看到杨绛先生2013年1月为中国现代文学馆题写的赠言：

珍藏文学记忆

杨绛 二〇一三年一月

看着赠言，那天去拜访先生的片段就如昨天刚刚发生过一样。

2013年1月春节前，我陪同馆里的领导和室里的两位主任去看望先生。领导希望我跟先生说一下，能否给我们文学馆建馆30周年题句话。我说我跟吴阿姨说一下吧。那天按照约定时间，我们准时到达先生家。我们坐下来之后，馆长因是江苏人而且还是在苏州大学攻读的博士，便与先生讲起苏州的风土人情，先生很高兴。她回忆起自己在苏州的很多往事。谈话中，先生总是看着我们副主任计蕾，问她叫什么名字，是哪里人。计蕾主任一一作答，先生笑着拉着她的手说："你跟我年轻的时候长得很像，你知道吗？我很高兴你能来，虽然我不认识你，欢迎你以后常来我家坐坐。"

这时计蕾拿出自己带来的几本书（《洗澡》《我们仨》《五七干校》），想请先生签个名，留作纪念。先生那天兴致很高，可能也是跟我们领导有缘，很高兴地答应了，她拿起笔在每本书上签了自己的名字。馆长这时也想请先生给中国现代文学馆建馆30周年纪念簿上写一句话。先生也很高兴地答应了，她想了想，很快就工工整整地写了那句赠言。

写完之后，先生谦虚地说："写得不好，写得不好。"

我坐在吴阿姨旁边，笑着跟她说："我认识先生这么多年，怎么就没想起拿本书让先生给签个名呢？下次来，我一定要请先生给签个名。"

吴阿姨高兴地答应了。可惜，之后几次去先生家，我都忘记了带书去。

六

2016年5月25日凌晨1点10分，先生静静地走了。遵照其遗嘱，丧事从简：不设灵堂，不举行遗体告别仪式，不留骨灰。

先生去世前，已将家中所藏珍贵文物、字画、手稿、信札、书籍等，全部无偿捐赠给国家博物馆和清华大学。其他生前收到的各种礼物，先生也尽可能地做到物归原主。对于贵重礼物，她要求遗嘱执行人（吴学昭和周晓红）在其身后归还送礼之人。为此，她还在物件上细致认真地贴上了她亲笔所书的"还某某"的小纸条。

先生真可谓一奇女子，一切都看得那么淡。

认识先生，是我的福气。我想我会珍藏住与先生交往的那些岁月记忆。

看着桌子上那张与先生合影的照片，先生笑得那样怡然，那样风轻云淡。

（定稿于 2021 年 12 月）

追忆郭汉城先生

郭老走了，走得是那么突然！

当10月19日晚上从朋友那里知道这个消息时，我感到非常震惊。这怎么可能？前不久，我还在郭老家人发的朋友圈中，看到郭老过生日时的精神状态相当好。

当我联系郭老家人时，他们说19日早晨郭老没有起床，他们发现有些不对劲后，赶紧送郭老去医院。可最后，老人还是很快就走了。他们到现在也无法接受这个事实。今年10月，郭老迎来了自己的104岁生日。按照中国人的习俗，郭老今年应该是105岁。作为新中国戏曲理论体系的主要创立者之一，"前海学派"的领军人物，郭老将自己的一生都献给了中国戏剧事业，他在中国戏剧理论研究、戏剧评论、戏剧剧本创作等方面著述颇丰。

我和郭老因征集而相识并成为忘年之交。我最近一次拜访郭老还是在2021年2月10日。那天上午，我驱车前往草桥，代表中国现代文学馆给郭老拜早年。刚一落座，我便拉着郭老和他聊起天来。郭老这两年视力、听力都有些下降，我便凑近他的耳朵，大声跟他说:"郭老,前一阵习近平总书记写给中国戏曲学院师生的信,我一字一句地认真学习过了。您为中国戏曲事业所做出的贡献,我们都很钦佩。今天,我代表中国现代文学馆的领导和全体馆员特地来给您拜个早年。祝您新的一年里,身体健康!万事如意!"郭老听后,微笑着点了点头。2020 年 10 月 25 日,新华社报道了习近平总书记 10 月 23 日亲自给中国戏曲学院师生回信的事情。习近平总书记的回信,充分体现了党和国家对繁荣中国戏曲事业、弘扬中华文化的重视和期望。在这封信的抬头,习近平总书记提到六位中国戏曲学院老师的名字,其中第一位就是时年 103 岁的著名戏曲理论家郭汉城先生。当我看到这则新闻后,特地通过郭老家人向他表达了我的问候。郭老家人告诉我,中央电视台刚刚打过电话,要来家里访问郭老。看来,郭老又要忙了。

　　我和郭老曾在丰台草桥做了近十年的邻居。我们同住一个单元,他住六层,我住八层。我们相识则是源于我女儿和郭老的重外孙女是院里的小伙伴。当得知楼下住着这样一位大理论家后,我常常有空便去拜访老人。那时,我常劝郭老写一本回忆录,将自己所经历的百年岁月写下来。郭老说要看自己的身体状况,后来郭老将自己的主要精力都放在了文集出版上。他希望自己的这套文集能为中国戏曲史留下一些有用的资料。历经几年的准备,十卷本《郭汉城文集》终于在 2019 年 8 月出版。该书集中反映了郭汉城老先生在戏曲理论研究、戏剧评论、剧本创作、诗词创作等领域的卓越成就。当郭老告诉我这套文集已经顺利出版时,我很为这位老人感到高兴。我相信郭老这套历时两年精心打磨的文集一定能够极大地推动中国戏曲理论的建设与发展。

　　不久,郭老家人打电话联系我,邀请我参加《郭汉城文集》的新书发布会。我说我一定到,我要当面向郭老表示祝贺。2019 年 10 月 15 日下午,我准时前往北京恭王府博物馆大戏楼参加《郭汉城文集》新书发布会。当我赶到恭王府时，郭老的车刚刚抵达。车停好后，我赶忙走到车前，打开车门，郭老还是那样精神矍铄。我扶着郭老慢慢地下车，我轻轻地握着他的手，大声地在他耳边问候道："郭老，您好！我是中国现代文学馆的小慕，谢谢您邀请我参加您的新书发布会。我代表文学馆全体同仁对您的新书出版表示最真诚的祝贺！祝您身体安康！万事如意！"郭老笑着拍着我的手说："小慕，你好！谢谢你来参加。这次书出来后，我就想一定要送你一套。只是这套书太沉，今天没办法带给你。改天你有空到家里来，我签名送你一套。今天人多，可能照顾不周啊。"我一边搀着郭老坐到轮椅上，一边对他说："您太客气了，郭老！能来参加您的新书发布会，是我的福气。谢谢您还一直惦记着我这位小友。"

那天的新书发布会很有特点，主办方专门选择了恭王府最具戏剧特色的大戏楼为活动主办地。那天的大戏楼张灯结彩，喜气洋洋，到处都铺满了红色。我是第一次来到这里，郭老跟我讲，他曾经工作的中国艺术研究院以前就设在恭王府，他在这里还有过一个小院，这个大戏楼他曾经来过很多次。大戏楼也叫怡神所，可称得上是恭王府的一绝，因为整个大戏楼是纯木结构，采用三卷勾连搭式屋顶，戏楼内厅堂非常高大。但戏楼的整个设计使得音响效果非常好，处在大堂最边远的角落，戏台上的唱词也听得清清楚楚。郭老刚刚跟我讲完大戏楼的设计，很多朋友便陆陆续续来到会场。他们纷纷上前问候这位时年102岁的老人并与之合影，我赶忙起身相让。今天下午最闪亮的主角，无疑是这位老人。

我起身后，认真地打量着这个极具中国特色的大戏台。我看到在舞台中央摆着四套崭新的《郭汉城文集》。我凑上前认真地观看，这套文集设计制作极为典雅质朴。全集共分十卷：第一卷"政策解读"、第二卷"理论探讨"、第三卷"剧目评论"、第四卷"序文余议"、第五卷"剧本创作"、第六卷"诗词创作"、第七卷"交

065

往集·阅历往来"、第八卷"交往集·艺事交流"、第九卷"评论集·郭诗研究"、第十卷"评论集·郭文研究"。

下午2点，发布会准时开始，会议由中国艺术研究院院长、党委书记韩子勇主持。我印象最深的是活动中，有三位郭老小友也是我国戏剧表演艺术家所做的精彩演出：江苏省昆剧院石小梅老师用昆曲吟诵了郭汉城先生创作的诗词，山西北路梆子代表性传承人任建华老师演唱了《王宝钏拜寿》选段，太原市实验晋剧院谢涛副院长表演了晋剧《傅山进京》选段。他们的精彩表演将发布会推到了高潮。活动最后，郭老动情地发表致辞：

在今天会上听到领导亲切的讲话、听了同志们朋友们热情的发言，我受到了极大的鼓舞。我要谨记习近平总书记的号召，不忘初心、牢记使命，在有生之年用微薄的力量继续做好工作，看到祖国美丽灿烂、打不垮、压不弯、昌盛的民族戏曲艺术与伟大的新时代很好地结合，开出更加绚烂夺目、多姿多彩的新花。

感谢为本书的出版费过心、尽过力的各个单位，感谢从四面八方赶过来开会的所有同志，感谢为大会演唱的艺术家。谢谢！谢谢！再说声谢谢！

新书发布会结束三天后，我应约前往郭老家"取书"。那天正好是周末，当我再次"冒昧"走进郭老位于北京南城的家中时，他正在书房整理资料。见我来了，郭老很是高兴。我再次对他文集的出版及新书发布会的成功举办表示由衷的祝贺。郭老点头致谢。

我扶着郭老坐到客厅沙发后，问他最近还有什么写作计划吗？郭老摆摆手说道："人岁数大了，耳朵不灵了，眼睛也看不清了。现在是电视看不了，书也读不了，戏也听不了，很是无趣。"我则安慰郭老说："您如果时间允许，可以做一个口述历史。您所经历的中国这一百年跌宕起伏，极为精彩。作为亲身经历者，您的所见、所思、所想如果能够留下来，对中国现当代史、新中国戏曲史来说都一定会有重要的史料参考价值。"郭老听后，沉吟了一下，表示认同我这个观点。他也认为现在自己的思维还很清楚，脑子并不糊涂，所记偏差不会太大。

当闲谈快要结束时，郭老叫家人拿来一套他早已准备好的《郭汉城文集》。郭老拿着笔极为认真地在文集第一卷扉页上给我签名留念。

毕竟已是102岁的老人，郭老写字时手有些发抖，加之视力不好，他将"郭"字写得有些叠加，还将我名字中的"锋"写为山"峰"的"峰"。郭老写完后，我恭恭敬敬地站起来，从郭老手中郑重地接过这本珍贵的签名书。我俯下身告诉郭老："郭老，我回去后一定好好拜读。""不用，不用。你有空回去随便翻翻就好，不值得花那么多时间。"郭老笑着说道。

那天因为还有客人要来，我不敢耽搁太久，便起身与郭老告别，想让他好好休息一下。

我与郭老交往多年，每次去看望他的时候，我都会陪他聊聊天。这当中2017年5月的一次交谈，我印象非常深刻。月初，郭老联系我说要送我一本书，如果我有时间到草桥，一定到家中来坐坐。我说没问题，我一定会尽快去家中拜访。几天后，我安排好工作，便驱车前往郭老家中看望，那次因为时间充裕，我和郭老聊了很久。

因为女儿上学，我们一家2016年便从草桥搬到亚运村居住。搬走后，我和郭老也快一年没见，但郭老看上去没有什么太大的变化，只是感觉比以前瘦了些，但身体看上去却更硬朗了。郭老依旧穿着那身标志性的中山装。当我走进郭老书房时，他正在工作。我快步走上前，握住郭老的手，在他耳边说："我是中国现代文学馆的小慕，以前我岳母住您家楼上，八楼。"

"哎呀，小慕呀，好久不见了，听说你们搬走了。"郭老热情地拍着我的肩膀，"来来来，到客厅去坐着说，我这书房太小，没地方坐。"郭老拉着我的手从书房走到客厅。

我刚一坐下，郭老就问："小慕，去年就听说你搬走了，好久不见，工作上还好吧？"我说："我还是负责征集工作，平常拜访在京的老作家或作家子女。郭老，您最近还好吧？"

"好，好，就是人老了，我今年100岁了，哪里也去不了了，只能每天待在家里。现在眼睛也不好，看不了什么书，更没办法出去看戏，唉……"说到这儿，郭老轻轻地叹了一口气。

从这一声轻叹，我能感觉出郭老内心的那份落寞，郭老研究了一辈子戏剧，听戏、看戏对他而言，早已不仅仅是兴趣与工作，更是他的生命。不能看戏，对郭老而言，确实是一件很"痛苦"的事。但岁月不饶人哪，100岁的年纪，家人哪敢带他看戏。我安慰郭老："郭老，您可以在家听戏，听戏也是一种乐趣。既不费眼睛，又不太累。多好！"

"现在也只能这样了，人老了，没办法的事。"郭老轻轻地摇了摇头。"小慕，你今天来得正好。我前一阵刚出了一本书。我送给你。今年我100岁，朋友们说，100岁应该要留个纪念。可我眼睛、手都不行了，也写不出什么新东西。后来我想了想，就从自己历年创作的诗句中，选出了100首用硬笔书写的诗，装订成册，作为我的百岁纪念留给亲朋好友吧。"郭老说完，便起身走向客厅门口的大纸箱。我本想扶着他去，可郭老示意我坐下。

当从郭老手中接过此书，我认真地翻看起来。此书名叫《自书诗词百首》，收录了郭老1972年到2015年的100首诗词，其中有一首《白日苦短行（代序）》很有意味："偶入红尘里，诗戏结为盟。

八极神宛转，山川气崚嶒。东丘啼豺狼，西窟有饕蚊。乃苦白日短，看剑一沉吟。"书的最后一页是郭老 2015 年创作的一首 28 行五言诗《百岁辞》："清清小河水，潺潺日夜流。东西南北路，春夏秋冬求。……少年舍汝去，白头好还乡。……跋涉岂云暮，欢腾旧小河。"这首诗可谓是郭老一生的写照。郭老所经历的这 100 年，可谓是中华民族历史上最为波澜壮阔的 100 年。

郭老 1917 年生于浙江萧山。1938 年，为寻求救国之路，年轻的他从浙江家乡前往革命圣地延安，入陕北公学学习。1939 年，从华北联合大学社科部毕业后，郭老便参加革命工作。他先后任察哈尔省文化局副局长、省文联主任，华北行政委员会文艺处副处长，中国戏曲研究院剧目研究室主任，中国戏曲研究所所长，中国艺术研究院副院长，中国戏剧家协会副主席，中国戏曲学会副会长，《中国戏剧》《戏曲研究》主编，文化部振兴京剧、昆曲指导委员会副主任。郭老把自己主要的精力都放在了中国戏曲事业的发展与振兴上。在将近 70 年的戏剧研究生涯中，他先后创作了《戏曲剧目论集》，主编了《中国十大古典悲喜剧》、《中国戏曲经典》、《中国戏曲精品》、《中国戏曲通史》（与张庚合著）、《中国戏曲通论》（与张庚合著）等重要著作。其中郭老与张庚共同主编的《中国戏曲通史》和《中国戏曲通论》被认为是新中国戏曲具有奠基性的重要理论著作，它们对于总结我国的戏曲史、戏曲理论以及增进国际上对中国戏曲的了解发挥了积极作用。

我粗粗地翻阅了一遍《自书诗词百首》，对郭老说："郭老，我回去一定好好拜读您这本大作。我想请您签个名，做个纪念。"

"谈不上大作，给朋友们做个纪念罢了，你等我一下，我去拿笔和我的印章。"郭老爽快地答应了我的请求，他边说边起身走向书房。看着郭老的背影，我不禁想起那些我认识的百岁老人：周有光、杨绛、马识途、徐中玉、李济生，他们每一个人都是我们这个民族的"宝贝"，正是因为他们的辛勤耕耘与默默坚守，我们的文艺事业才会有今天繁荣的局面。在我眼中，他们每一个人都是一部传奇。能认识他们，实在是我的幸运。

当郭老拿来印泥、印章坐下后，我打开书的扉页，郭老用笔在书上认真地签下"慕津锋同志存念　郭汉城　二〇一七年五月九日"。当我帮他盖好印章，郭老轻声地说："章没盖反吧？"我看了看说："没有，盖得很好。您的印章很有意思。""现在眼睛不好，老盖错。你看得出我的签章吗？"郭老问。"应该是'京华灯火萧山月'吧。"我回答道。"是的，我是浙江萧山人，唐朝名将郭子仪的后人，1949 年后，我就一直住在北京。萧山是我的故乡，京华是我生活了大半辈子的地方。在京华，我认识了许多朋友，他们很多都走了。小慕，你看见墙上那幅《红梅图》了吗？"我顺着郭老手指的地方，看见客厅正中确实挂着一幅《红梅图》。我说："看见了，这是谁给您画的？""这是冯其庸去年送我的百岁生日礼物。画好没多久，他就走了。"郭老有些伤感地说道。我凝视着此幅《红梅图》，宣纸上有一株怒放的红梅，旁边的题词是，"一树寒梅万古香，江南寄予路茫茫，预祝郭汉公百岁大寿。九十又三敬贺　目昏手颤书不成字"。

冯其庸先生是我国著名艺术理论家，他在研究中国文化史、古代文学史、戏曲史、艺术史等方面做出了重要贡献。他在研究中国大西部的历史文化艺术、考证丝绸之路方面的成就获得了学术界的高度评价。冯其庸先生还擅长书法和绘画，书法宗二王，画宗青藤白石。其所作书画为海内外所推崇，被誉为真正的文人画。冯其庸先生还是公认的红学大师。从 1954 年到 2017 年，他将自己 63 年的人生岁月献给了《红楼梦》。我因征集和冯其庸先生相识，曾有幸两次去过他位于通州区张家湾镇的"瓜饭楼"。我知道冯其庸先生曾担任过中国艺术研究院副院长，他与郭老共事多年。

看完郭老家中墙上所挂的冯其庸先生赠画后，我对郭老说："其庸老人我认识，93岁对常人而言已是高寿。你们都是'国宝'，他是一代红学大师，您是一代戏曲理论大家，你们的功绩历史会铭记。您要多注意身体！身体好，您就能写出更多的好诗，为中国戏剧做更多的事，为中国的文艺史留下更多的资料。郭老，您不打算写一部百岁回忆录吗？"

郭老摆了摆手说："不了，岁数大了，有些事已经记不清了。如果早几年，我想我一定会写……我现在主要是想把文集的事情做一做，他们还想再出我的文集，我每天整理整理资料，把我写过的所有文章尽量都能放进去，这件事做完，我也就没什么遗憾的了。"

"郭老，其实回忆录您不用自己写，现在都在做口述历史，您口述，别人拍摄或者记录，这种方式很不错，您可以考虑一下。您经历过百年岁月，您又认识那么多文艺大家，应该留下一部回忆录。每一个人的人生组合起来那就是我们这个民族的历史。""以后再说吧！事情一件一件做。"郭老拍了拍我的手，又继续说道，"最近，山西有家出版社准备重新出我的文集，以前我出过一部四卷文集。他们希望我能再准备一些资料，现在我和孩子们都在忙着找以前的文章。出文集我觉得还是可以，但不要什么文章都往上拿，我还是希望能挑一挑、选一选，找一些有点价值的文章。文责自负，既然是给历史留下资料，那就不能随便。"

听到这位百岁老人如此中肯的话语，我很是感动。现在多少作家，名气不大，岁数不大，作品不多，就已经开始给自己出文集甚至全集，可出来的作品实在不敢让人恭维。而像郭老这样，历经百年岁月洗礼，却初心不改，一直在为国家和民族默默耕耘的泰斗级的艺术大家，在出版文集时，却依旧如此谦逊、如此认真、如此严谨，这样的胸怀与学术精神，实在让人敬佩！

每次与郭老聊天，我都很愉快，也受益匪浅，从他身上我能感受到许多。他们这一代知识分子，是真的有信仰、有信念、有毅力、有情怀。

本想元旦前去看望郭老，送上我对他新年的祝福。但我再也没有这样的机会了！

郭老，您一路走好！

（中国作家网，2021年10月26日）

我与杨振宁先生的两次"相遇"

2024年10月1日，中国著名物理学家杨振宁先生迎来了自己的第102个生日。杨振宁、王汉斌、彭珮云等几位还健在的西南联大毕业生，代表着西南联大的精神依旧在传递。

杨振宁，1922年10月1日出生于安徽合肥，是著名物理学家。1942年，毕业于西南联合大学；1944年，获清华大学硕士学位。

杨振宁在粒子物理学、统计力学和凝聚态物理等领域做出了具有里程碑意义的贡献。20世纪50年代和R.L.米尔斯合作提出非阿贝尔规范场理论；后与李政道合作提出弱相互作用中宇称不守恒定律；在粒子物理和统计物理方面也做出了开拓性贡献，提出了杨-巴克斯特方程，开辟了量子可积系统和多体问题研究的新方向等。

1957年，因共同提出宇称不守恒定律，杨振宁与李政道一起获得诺贝尔物理学奖。

我和杨振宁先生曾有过一面之缘，但不是那种面对面的相见。2017年11月1日，我在北大举办的庆祝西南联合大学建校80周年纪念大会上，曾远远地见过这位老人，并聆听了他的演讲。这远远的见面，让我是那样地感动。杨振宁以华人身份获得诺贝尔奖而成为华人世界的骄傲，并被认为是当今世界最重要的物理学大师之一，他在中国受到极高的尊崇。很小，我就听过他的大名，但那时我只知道他是美籍华人，他住在遥远的太平洋那端。我没想到居然会有机会见到他本人。

那天纪念大会上，已是95岁高龄的老人看上去精神矍铄，身体康健。那天他穿着一件深色毛衣，衣着简单而舒服，他缓步走上讲台，当他向到场嘉宾致意后，全场爆发热烈的掌声。我更是像一个小粉丝见到自己心目中的偶像一样，疯狂地鼓掌。我想大家给他的掌声，是对他为这个世界所做出的贡献表达敬意，更是对培养他的西南联大表达敬意。等掌声平息后，杨老开始了他的致敬演讲，他说话的语速并不快。而且他演讲时，台下所有的观众都变得很安静，大家都在用心聆听这位大师的声音。适逢母校建校80周年，杨老为自己的这次讲话做了充分的准备，他的讲话很有深意，至今让我记忆犹新。

　　林校长、各位贵宾：
　　我非常高兴能够参加这个庆祝盛会。记得西南联大在昆明开学是1938年，结束是1946年，前后只是八年的时间，可是这八年之间教育出来的学生，对于后来中华人民共和国成立后所发生的影响和贡献，那是很难用语言描述的。
　　我很幸运，自己曾经有七年在西南联大学习，做研究，这七年的时间对于我后来的研究工作奠定了坚实的基础。七年之间，头四年我是本科生，1942年本科毕业的时候，我需要写一个学士论文，这个学士论文是在吴大猷教授的指导下写的，所讨论的是对称性在分子物理学的应用。我非常幸运，吴先生把我带到这个领域，因为对称性是后来整个二十世纪后半叶的物理学发展的一个最重要的支柱，我能够在那么早的时候走进这个领域，实在是非常地幸运。

四年以后的两年，我是西南联大的研究生，这两年毕业后得到硕士学位。我的硕士论文是跟王竹溪先生写的，研究方向统计力学。王先生后来是北京大学的副校长，长期在北京大学服务。统计力学也是二十世纪后半段物理学最重要的新领域之一，我又是很幸运，由王先生带我走进了这个领域。

我得了硕士学位以后，就成了西南联大附中的一个教员，可是事实上我主要的时间仍然留在西南联大的物理系，因为那个时候物理系的研究讨论风气非常之好。我就是在那一年之间，从马仕俊先生那儿学到当时最尖端的理论物理，叫作场论，这个对我又有深远的影响，我后来最重要的几篇文章，都是在场论的领域。

所以回想起来，我个人非常非常幸运，能够在那个困难的时候，得到了那么好的教育。所以我对西南联大非常感谢，我也非常高兴这么多的校友跟校友的子孙，跟西南联大校友的朋友们，每年庆祝一下西南联大过去的成绩。

杨老的语言朴实而真诚，没有任何华丽的辞藻，他用自己的经历说话，用事实告诉听众他是怎样地"幸运"。众所周知，抗战时期的西南联大师生，为了国家和民族的未来，为了坚守中华民族科学的血脉，是如何克服一切困难继续着自己的教学和学业的。正是这种磨难让这所学校的老师和学生有着一种精神，一种"自信""自由"的精神，正如其校歌所唱：

万里长征，辞却了五朝宫阙。暂驻足衡山湘水，又成离别。绝徼移栽桢干质，九州遍洒黎元血。尽笳吹，弦诵在山城，情弥切。

千秋耻，终当雪。中兴业，须人杰。便一成三户，壮怀难折。多难殷忧新国运，动心忍性希前哲。待驱除仇寇，复神京，还燕碣。

每次听后，我总有一种"风萧萧兮易水寒，壮士一去兮不复还"的悲壮之感。但正是这种悲壮的爱国情怀，让身处乱世的联大学子们主动站在了时代前沿，为争取国家、民族的生存与独立，为民众的自由、民主与和平，大声呼喊，他们以自己的实际行动践行着自己作为中华儿女的历史责任，同时也表现出那个时代西南联大独有的精神面貌。

杨老结束讲话后，缓步走下讲台，全场再次爆发热烈的掌声。在这次见面前，我与杨振宁先生还曾有过"一信之缘"。正是这"一信之缘"，让我看到了他与著名作家徐迟有趣的交往，也让我对这位物理学家有了更深的了解。

在中国现代文学馆"徐迟文库"中，珍藏着一封 1986 年 6 月 9 日，徐迟写给杨振宁的书信。信的全文如下：

振宁先生：

　　前年承蒙在石溪接见，归来写成文章，尚未定稿。拣出四章呈政，希望抽时间过目，改正和批评。

　　我的通信处是武昌东湖路 20 号 4 门 2 楼一号。

　　麻烦你，谢谢你，也很想念你，祝你

　　捷报频传

徐迟

86 年 6 月 9 日

在该信的左下角，杨振宁教授用圆珠笔写了一封短的"回信"。

徐先生：谢谢你特地送给我你的文章。

我实在没有工夫看，如发表请注明我未过目，至感。

杨振宁

一页信纸，两位名家的信，在我多年的征集工作中实属少见。

徐迟，原名徐商寿，1914 年 10 月 15 日出生于浙江吴兴（今湖州市）南浔镇。我国著名诗人、报告文学家、散文家和评论家。徐迟在新中国报告文学领域曾做出过突出贡献，其代表作有《哥德巴赫猜想》《地质之光》《祁连山下》《生命之树常绿》等。其中，《哥德巴赫猜想》与《地质之光》获中国优秀报告文学奖。

徐迟在信中所说"前年承蒙在石溪接见"，指的是 1984 年 11 月 13 日，徐迟在美国纽约长岛的纽约州立大学石溪分校理论物理研究所对杨振宁所进行的采访。那一年 8 月，徐迟接受美国艾奥瓦"国际写作计划"（International Writing Program）的邀请，前往美国访问。在访问之前，徐迟便打算访问一位在美国的华人高能物理学家，或李政道，或杨振宁，或吴健雄，或丁肇中。在访问华盛顿时，徐迟曾向中国驻美大使馆提出了这个想法。后来，在芝加哥参观时，徐迟结识了清末革命烈士邹容之孙邹镗先生，徐迟再次提起这个设想。没想到邹镗先生真的联系上了杨振宁本人。杨振宁同意徐迟前去纽约自己的办公室采访，约定的时间为 1984 年 11 月 13 日。杨振宁建议徐迟到达纽约后，坐上午 10 时 22 分从纽约市区开出的火车，12 时一刻到达石溪站后，他会接站。

11 月 13 日早晨，《人民日报》驻联合国首席记者陈忆村送徐迟和记者洪蓝到纽约市宾夕法尼亚车站，乘坐前往长岛的火车。12 时一刻，火车正点进入石溪车站，杨振宁博士和他的助手聂华桐博士已准时在出站口。杨振宁给徐迟的第一印象是"杨振宁这年六十二岁，但看上去不像那个年纪。英俊而持重，好像憋足一股劲头似的，有一双闪光的眼睛。一交谈，我就感到他思维敏捷，必定决策果断，办事精干"。

接到徐迟已近中午，杨振宁请徐迟到一家中餐馆吃饭。在餐厅，两人刚一交谈就"顶上了嘴"。徐迟说："原子物理学家奥本海默曾经说过原子物理高深艰奥，世俗经验无法理解，很难进入文史作品中，我对这话不太服气。"杨振宁说："不服气也没有用，它确实高深艰奥。"徐迟说："天下无不可理解的学问，只要能写出文章来，绝无读不懂的道理来。"见气氛不太和谐，杨振宁笑了笑，转过话题，和徐迟谈起别的事情。

餐后，杨振宁邀请徐迟前往石溪分校物理大楼里的办公室座谈。到办公室后，徐迟和杨振宁隔着一张办公桌相对而坐。在杨振宁办公室的墙上挂着一只装有爱因斯坦画像的镜框，爱因斯坦衔着烟斗，用严肃的深思的眼睛，注视着一场即将到来的文学家和物理学家的交谈。

杨振宁落座后开口问："你想问我什么？我该怎么跟你谈？"

徐迟说："主要是两个问题，先说第一个，你得诺贝尔物理学奖的那个科研成果是怎么回事？大家都想知道，大家都不很明白。你能不能一句话一句话地，用几句话，五句、十句或十来句话，用比较容易了解的话给我、给大家说得简单明了呢？"

"可以的，"杨振宁回答，"我尽可能用最简单、普通的语言讲讲看吧。"他沉思了一下，然后慢慢地一句一句说起来了。"在自然界里面有四种基本力量：强力量（使中子和质子在原子核中结合的力量）、电磁力量、弱力量（控制中微子相互作用的力量）以及万有引力——自然界里所有的一切都是由这四种力量组织起来的。1956年以前，众所周知，所有的试验也都表明，这四种力量的每一种都左右对称，正像每一事物都和它镜中对应是一模一样的，专门的术语称之为'宇称守恒'。如果你说，人并不对称，人的心脏在左边，这并不违反物理学，因为如果你给一个人制造一个相反的人，他的心脏在右边，只要这两人吃一样的东西，吃的东西的分子螺旋式向反方向旋转，则两人一定是一模一样的，也就是说宇称守恒。可是在1958年前后却发现了一些新粒子，它们有着令人迷惑的现象无法解释，当时就成为物理学家们最关切的热门问题了。那一年夏天，我和李政道在离这儿不远的勃洛克海汶实验室里研究这个问题时，曾大胆设想，左右对称，及宇称守恒这件事只是差不多完全对，却不是完全都对，不是绝对的对；在弱力量里不对，在弱力量里宇称不守恒。但是以前做过了很多弱力量实验，为什么没有发现过不对称不守恒的现象呢？以前做过的弱力量实验，因未涉及对称、守恒问题，所以没有发现不对称、不守恒的现象，而现在已发现了这么一些不能解释的现象了，因而应当专门为此做一个实验来证明在弱力量那里是左右不对称，宇称不守恒，那时这一些不能解释的新粒子现象就可以得到解释了。要用这样一组设备，还用另一组如同前者的镜中映象，反过来的设备，两者同时来做一个以弱力量为主要环节的试验，看做出来的结果，结果确证左右竟不对称，弱力量里宇称竟不守恒，就可以解释为什么弱力量里出现了那些令人迷惑的新粒子了。吴健雄和美国度量局的四位科学家一共五人，按照我们俩人提出的设计和设备做了半年时间的实验，果然证明了我们俩的猜想，弱力量宇称不守恒，立即震动了世界物理界，从而半年后，我们俩人得到了诺贝尔物理学奖。现已证明，所有弱力量的宇称都不守恒。它已成了弱力量的理论基石。"

杨振宁博士用了十句话，对这个问题进行了解释。

徐迟听后说道："你说清楚了，谢谢你。现在是否可以请你回答我的第二个问题，那就是从你得到了诺贝尔奖金到现在，也将近30

年了。人们本应当非常地关心你的工作的，但你的工作太难懂了，大家无法关心你。可否请你简单明了地告诉我，这些年里你进行了哪些科研项目，取得了怎样的成果？"

"可以的，"杨振宁说，"从1957年以来，我对统计力学对高能粒子碰撞现象都做了不少工作，但比较重要的一个主攻方向，就是规范场的研究。它的数学概念叫纤维丛。我自己对纤维丛也是不大懂的，因为大家知道今天一个物理学家要跟一个数学家对话的话，常常遇到语言不通的问题，几乎比讲外国话还难懂。"杨振宁给徐迟解释了纤维丛，他讲得很慢："纤维丛有两种：一种是平凡的纤维丛，就是把一段纸带的两头黏合起来，正面对正面、反面对反面，形成一个圆环。其所以叫纤维丛，是因为它可以把一根根的直棍子绕成一束。另一种是不平凡的纤维丛，就是把一段纸带两端一正一反地黏合起来，形成数学上的'缪毕乌斯带'，它也可以把许多直棍子绕成一束，不过那条纸带在里面扭了一下，有一个折痕。"

杨博士继续说道："目前绝大多数的物理学家都承认，纤维丛概念引入物理上来，已经是大家都接受的事实。数学家研究纤维丛已经四十年了。近代纤维丛最重要的创始人也是中国人，就是世界闻名的大数学家陈省身先生。我十年前去陈先生家里时曾对他说，把你们数学上研究的纤维丛引进到物理中来，当然我们很高兴。可是也很惊奇，不了解怎么可能物理学家用了同物理现象密切相关的推演方法所得出来的最后一个基本观念，是和你们梦想出来的观念完全一致地方。陈先生一听，立即反对，他说，这绝不是梦想出来的。照我们看来，这完全是按部就班，而且这是正确的。"

这次采访开始于13:15，谈话结束时是15:15，总计两个小时。在访问即将结束时，徐迟提出希望能看一眼著名的勃洛克海汶国立实验室同步稳相加速器。杨振宁说，因事先没有和勃洛克海汶联系，而且那里离这里并不近，这很难办到。但他们楼下有一座加速器，虽小了一点，但还可以看看。杨振宁带徐迟到楼下一座大厅，看了一个粒子加速器。杨振宁给徐迟介绍质子是如何从圆柱形范德格拉夫加速器注入环形加速器，运行约一秒钟后如何接受向前推力加速到一兆电子伏，打到靶子上。

这次访问给徐迟留下了很深的印象，他不仅见到了获得诺贝尔奖的物理学家杨振宁，而且还知道了杨振宁是如何试验着、演算着、思索着关于粒子世界的以及统一自然界四种力量的规范长等理论。

11月下旬，因武汉家中有事，徐迟匆匆结束了此次美国之行。1986年4月，徐迟开始撰写自己的美国旅行记录。其中，他特地写了一篇访问杨振宁的文章《在纽约的长岛上——杨振宁博士访问记》。因为所谈问题过于专业，徐迟为了保证文章内容所述准确，特地写信请杨振宁方便时审阅，他随信附上了他所写的四章文字。

但是，杨振宁博士平时太忙，很难抽出时间来看文章。为了不耽误徐迟文章的发表，杨振宁特在原信左下角写下"徐先生：谢谢你特地送给我你的文章。我实在没有工夫看，如发表请注明我未过目，至感。"

《在纽约的长岛上——杨振宁博士访问记》很快刊载在1987年1月11日《人民日报》第五版。文章发表后，读者好评如潮。后来，该文先后收入徐迟1991年在人民文学出版社出版的《美国，一个秋天的旅行》和1998年在山东教育出版社出版的《生命之树常绿——徐迟报告文学选》。

在纽约与杨振宁告别之际，徐迟本与他约定当年年底在北京相见，共同参加中国科学院举办的"杨-米尔斯规范场理论论文发表三十周年的庆祝会"。回到国内后，徐迟在北京向中国科学院提出了申请，并被批准。但因妻子的突然去世，徐迟没有去北京参加这场庆祝会。"石溪之会"成了他们今生唯一一次的相见。

我很感谢这封信，让我有机会看到这两位老人曾经的故事。但也为他们人生中只有这一次交往而感到惋惜。如果交往能再多一些，也许大作家徐迟先生还能写出更多与杨老有关的好文章。今年，杨老已是102岁高龄，我又是一个做文学博物馆工作的，我的工作与杨老的研究领域根本无任何交集，不知自己是不是与这位老人也只有这一次见面？

前不久，西南联大校友会中的一个朋友与我闲聊。当我谈及文学馆馆藏中有许多西南联大师生的文学资料时，她说能否由西南联大校友会与中国现代文学馆联合举办一个"馆藏西南联大师生文献资料珍品展"。我觉得这个主意非常好，中国现当代一些著名作家都曾经与这座学府有着千丝万缕的联系，或在此传道授业解惑，或在此求学，办这样一个活动，不仅可以让众多资料与观众见面，让观众近距离看到这些文学名家的珍贵手稿、信札、著作、照片等，还能邀请包括杨振宁先生在内的都已古稀的西南联大学生齐聚文学馆。这种"文学与大学"互动的展览，确实是一件很有意义的活动。如能顺利举办，我真心希望在中国现代文学馆，能与杨振宁先生再次相聚。

在这篇文章行将结束时，请允许我在这里祝愿杨老健康长寿！

（封面新闻，2021年9月23日）

可亲可敬的作家王火先生

2024 年 8 月 17 日，王火先生将迎来自己的 100 周岁华诞。为了向王老致敬，中国言实出版社编辑老师 2023 年底便和我商议，可否写一本讲述王老精彩百年岁月的书，我认为这个提议极好。很快，我便跟我们单位的北大才女小贺商议写书事宜。听到自己能有机会写百岁老作家王火先生，小贺很开心，她说她一定要先把王老的著作认真看一遍，然后想好一个角度，再动笔去写。小贺是一个做事很认真的女孩，我赶忙把她叫到我的办公室，把我手边有的十多本王老的著作一股脑儿地让她抱走。为了促成此事，我通过微信和王火老师的大女儿王凌老师进行了沟通，讲了我们写这本书的初衷。王凌老师觉得这件事挺好的，但她还是要问问父亲的意见，很快王凌老师告诉我王老同意我们的想法，并亲笔签名写了一份授权书，让女儿拍照片发给我，王老授权小贺在中国言实出版社出版写自己的这本书，太感谢王老的信任和支持了！当我拿到授权书后，第一时间便发给了出版社编辑和小贺，希望我们一起努力能在王火老师 100 岁生日前顺利出版这本书，作为我们的生日献礼。在我眼中，王老这一生真的非常精彩，太值得去书写。

一百年前的农历七月十七日（1924 年 8 月 17 日），先生出生在上海，原名王洪溥。其父王开疆，日本早稻田大学法科毕业，时在上海做大律师及大学教授，对现代中国的法律体系建设起到过积极推动作用。其母李荪，时代新女性，苏州蚕桑学校毕业，时做小学教师。兄王宏济，三岁。王老这一百年走得十分不容易。抗战期间，当上海沦陷后，不愿当亡国奴的他只身从上海前往重庆求学，寻求光明，一路充满荆棘。抗战胜利后，他是最早报道南京大屠杀的记者，因不满国民党政府的腐败无能，他积极投身党的地下工作。新中国成立后，他更是全身心投入工人运动事业、教育事业和出版事业。1995 年，获得国务院授予的"全国先进工作者"称号。1998 年，其历时几十年创作的长篇小说《战争和人》（三部曲）获得第四届茅盾文学奖。《战争和人》（三部曲）是王火老师的代表作，它最早是以《月落乌啼霜满天》《山在虚无缥缈间》《枫叶荻花秋瑟瑟》三部单行本形式先后在 1987 年、1989 年和 1992 年分别出版，全书共 160 余万字。这是一部带有自传性质的小说。该小说以王火及其家庭为原型，讲述了主人公童霜威、童家霆父子在抗战全过程中的坎坷与漂泊，表现了从 1936 年 12 月西安事变到 1946 年 3 月抗日胜利、内战迫在眉睫这一段时间的中国社会生活，小说中人物的行踪遍布大半个中国。该书出版后，在当时的中国文坛引起了众多读者的关注。

近几年，王老身体一直不是太好，我本想有机会去成都看望他老人家，但由于疫情等原因，这个想法难以实现。2023 年 10 月，我终于有机会到成都，想着这次可以去看望王老了，可动身到成都前突然得知王老在家中不慎摔了一跤，只能卧床休息，王凌老师在电话中建议我这次就不要去家中了，她担心王老见到我这位多年不见的小友，情绪会比较激动，情绪激动对一位快一百岁的老人来说不是太好。我非常理解王凌老师的心情，只得让王凌老师代我问候王老，让他静心休养，下次来我再去看望他。

我和王老认识将近23年，2001年我第一次到成都出差，便与王火老师相识。四川是我的故乡，我对四川作家天然有着一份难以割舍的情感。相识多载，我与王火老师早已是忘年之交。王老对我非常关心，我记得2018年9月30日，他从成都打电话告诉我：最近，四川文艺出版社刚刚出版了他的10卷12册680万字的《王火文集》（第一卷长篇小说《战争和人》、第二卷《霹雳三年》《浓雾中的火光》、第三卷《外国八路》《流萤传奇》、第四卷《节振国和工人特务大队》《一个京剧女演员的传奇》、第五卷短篇小说《东方阴影》《禅悟》《雪祭》、第六卷《梦中人生》《王冠之谜》、第七卷《心上的海潮》《隐私权》《众生百态》、第八卷《失去了的黄金时代金陵童话》《抗战！无法忘却的记忆》《历史镌烙于心》《抗战胜利后重庆时事新报刊出的特写四篇》《风云花絮》《启示录》、第九卷《西窗烛》《带露摘花》《王火散文随笔集》《王火序跋集》、第十卷《九十回眸》）他已让出版社的同志给我寄出一套。因为书是由出版社直接寄出，再加上文集太沉，王火老师不愿再辛苦出版社同志给他拿到家里，因此，他无法给我签名，希望我能理解。听后，我极为感动，我知道现在老作家出版文集很不容易，而且出版社对于作家文集的印数一般都不会太多，王火老师有那么多至亲好友，他们都尚不能保证人手一套。这时，王火老师依旧能想到我这位小友，这确实让我感动不已。本来2016年当王火老师将其全部手稿、书信、著作、藏书等文物文献资料捐赠给中国现代文学馆后，我曾想向领导申请可否由文学馆为这位著作等身的老作家出一套《王火全集》，以表彰他对文学馆征集工作的大力支持。后来，我得知四川文艺出版社已有为王火老师出版文集的具体计划，而且资金也已到位，此事便没有继续推进。

当我在电话中表示自己由衷的感谢时，王火老师在电话中接着说道："小慕，这样，等书收到后，我给你写封信，我在一张纸上写上赠语，到时，你把这张纸贴在第一本书的扉页，我以这种方式给你签名，如何？"王火老师待人的真诚与细致，让我不知该说些什么，除了表示感谢，我只能在千里之外的北京，送上我最真挚的祝福！

2022年，当我告诉王老我即将要出版一本为孩子讲述馆藏红色经典著作的书，很希望王老能署名并推荐时，王火老师非常高兴，很愉快地就答应了。很快，他就为我这本书写下了这样一段话：

> 作为一种特殊的历史文化资源，红色经典并没有随着时代的发展而成为被封存的历史，它也是当下的，是新一代青少年的。

2023年，我为马老写了一本《马识途：跋涉百年依旧少年》，很希望王火老师作为马老的知心好友能为我这本书写一篇序言。王火老师当时身体抱恙，但他还是很痛快地就答应了。王老这篇名为《世界罕见是巨匠》的"序言"为我这本书确实增色不少。我非常感谢王老对我的信任与帮助。

在我长达21年的征集生涯中，王火老师是我印象极为深刻的一位作家，他的传奇往事至今让我记忆深刻，难以忘怀。

一

王火老师曾跟我讲起，他是抗战胜利后第一批参与报道南京大屠杀的记者，有些经历至今历历在目。

1946年2月，王火作为《新生报》特派记者，参与报道南京

"国防部审判战犯军事法庭"对于日本战犯的审判。王火老师曾跟我说过，审判战犯前，当时的军事法庭在南京的大街小巷张贴布告，希望南京大屠杀受害者出庭做证，但出庭做证的女同胞不多。原因是她们受害后，碍于面子，不想让更多的人知道自己的惨痛遭遇。而且，日寇先奸后杀，老幼不分，全家灭门的太多了。王火老师清晰地记得：在审判战犯谷寿夫时，快近中午时，一位满脸刀伤的中国少妇，用围巾半遮着自己的脸，在丈夫的陪同下走进法庭，对侵华日军在南京犯下的罪行做证。她就是李秀英。1937年12月，侵华日军大举进攻南京。那时的李秀英因怀有7个月身孕，丈夫躲到乡下去了，她与父亲一起躲进南京国际安全区的美国教会学校地下室避难。一些日本兵发现了要强奸她，她为了不受侮辱，一头撞墙，头破血流昏死在地，见状的日本兵走了。但她醒后，又来了三个日本兵，其中一个上来动手，她自小跟父亲学过点拳脚，就同日本兵搏斗，结果脸上、身上被刺了37刀，日本兵扬长而去。李秀英被父亲送进美国教会开设的鼓楼医院抢救，性命留住了，肚里胎儿不幸流产。当时在南京的好几位西方人士对此有详细记载，其中美国人约翰·马吉拍摄的李秀英受伤照片，成为侵华日军南京大屠杀的铁证之一。李秀英受害后，能在丈夫的陪同下，主动出庭做证，这引起了王火的注意。庭后，王火主动约李秀英采访，他依旧记得，自己最初采访李秀英时她的模样：

> 她本来肯定是位端庄俊秀的姑娘，但我看到她时，她的面部近乎《夜半歌声》中的宋丹萍，鬼子兵用刀割损了她的鼻子、眼皮、嘴唇和面颊。她用一条长长的蓝灰色围巾包裹住大半张脸。

听李秀英讲述不堪回首的血腥恐怖经历时，王火"浑身冰凉而血液却在体内沸腾燃烧。她落泪了，我的心战栗，眼眶也湿润起来。"王火数次对话李秀英夫妇，并实地勘查验证。夫妻俩不厌其烦地支持协助，令王火十分感动，但最触动他的是，李秀英虽被日军毁容，但在抗战胜利后，却是率先勇敢地出面控诉指证日寇暴行的女同胞。"她不仅是南京大屠杀受害者和幸存者，更是英烈奇女子，堪称代表中华女性为民族气节和正义不惜殉身的圣女。"

除了李秀英，王火还访问了一批在南京大屠杀中幸免于难的见证人，对于南京大屠杀他写满了厚厚几本笔记、拍下不少珍贵照片。1947年，王火在上海的《大公报》和重庆的《时事新报》上，以笔名"王公亮"同时发表了长篇通讯《被污辱与被损害的——记南京大屠杀中的三个幸存者》，报道了李秀英等三人在侵华日军南京大屠杀期间的不幸遭遇。另外两名幸存者一个叫梁廷芳，刚从东京国际军事法庭做证归来。他是南京保卫战中的一个担架队队长，上尉军衔，城破后逃进"难民区"而被清理出来，押至下关中山码头，在日寇架机枪集体屠杀时，他负伤跌入江中拼死顺流而下游到对岸脱险。另一位幸存者陈福宝，南京大屠杀时他只是一个十几岁的孩子。在挖活埋坑时，因人小无力气被日本兵抓起来猛摔在地，满面是血晕死过去，半夜才苏醒过来。在公审日本战犯谷寿夫前，陈福宝曾带检察官陈光虞等到五台山下寻找指证当年日本战犯活埋中国人的地方，挖出了一批发黑的骸骨，王火是在场的记者之一。王火的报道，真实记录了南京大屠杀的历史，揭露了日军的暴行。

二

在一次专访中，王火老师跟我详细讲述了他创作《战争和人》

（三部曲）这部小说的坎坷与曲折。为了它，王火老师付出了自己近30年的时光。

新中国成立后，年轻的王火被分配在上海总工会工作。那时，王火工作非常忙碌，他不仅要负责起草领导讲话稿，还要编工人文化课本、负责安排广播电台的职工节目，还要审看全市上映的电影、审阅书稿、剧本等。但他总想写作，想以自己亲身经历过的那段可歌可泣的历史为素材，创作一部反映中国人民伟大抗日战争的作品。从50年代初，王火便开始利用自己的业余时间，在上海动手创作《战争和人》的前身《一去不复返的时代》。这部小说的写作随着王火工作的调动，从上海写到了北京。中间经历了诸多曲折，直到1961年，王火终于完成了《一去不复返的时代》长达120多万字的初稿。此稿后交至中国青年出版社，中国青年出版社很满意该部小说，认为它是"百花园中一支独特的花"。由于历史原因，该稿并未发表。

20世纪70年代末，王火意外地在山东收到人民文学出版社的来信，人民文学出版社鼓励王火重新把这部小说写出来。经过慎重的考虑，再加上自己对该部小说难以割舍的感情，王火老师决定重新创作这部长篇小说。1980年夏秋之际，王火老师开始动笔重写自己的三部曲。1983年初春，第一部《月落乌啼霜满天》顺利完成。但当王火老师开始进行《战争和人》第二部《山在虚无缥缈间》写作时，发生了一件意想不到的事情：1985年5月的一个早晨，成都下着滂沱大雨。已担任四川文艺出版社书记兼总编辑的王火老师，在上班途经出版大楼工地时，见到一小女孩跌进工地上的一个深坑里，正哭着呼救。此时此刻，王火毫不迟疑地跳下深坑，搭救小女孩。他先把小女孩托出了深坑，小女孩得救了。然而当他跃出深坑时，由于用力过猛，头部撞上了脚手架一根钢管底部，导致脑外伤、脑震荡、颅内血肿，以致波及左眼，导致左眼外伤型视网膜脱落，伤势极为严重。在医院治疗后不久，6月，王火坚持创作完成了《山在虚无缥缈间》。但后来在创作第三部时，左眼旧伤破裂，虽经成都医院、上海医院三次手术，终究没有回天之力，王火老师痛苦地失去了左眼。当时医生严肃地警告过他："今后要少做费脑子和损耗视力的工作。"但从上海回到成都，稍事休息养伤后，王火老师又拿起笔，决定用自己仅有的右眼坚持写作，一定要完成第三部《枫叶荻花秋瑟瑟》的写作。最后，在这样的身体条件下，王火老师终于将自己的三部曲全部创作完成，并先后在1987年、1989年、1992年顺利出版。最后，这三部被合并为《战争和人》，于1993年7月结成套书三卷出版。

三

　　王火老师与凌起凤老师的夫妻感情，是我所见过的最幸福、最真挚的。凌起凤老师与王火在学生时代便认识，后来慢慢相知、相爱。1949年，国民党败退台湾，凌起凤随家人一起去了台湾，王火当时已在上海从事党的地下工作。所有人都以为两个相爱的年轻人将会被一海相隔，再相见注定无期。可谁也没想到，两人的爱情是如此坚定，凌起凤为了自己心中的爱情，在爱人的召唤下，她毅然告别家人，辗转到达香港。为保护台湾的家人的安全，她在香港故作自杀身亡的殉情结局，骗过了台湾当局。随后，她隐姓埋名悄悄从香港回到内地，回到爱人王火的身边。两个相爱的人经过千辛万苦终于走在了一起。这段情节如同小说一般曲折、跌宕起伏，令人感动。之后，无论王火老师是在上海、北京还是山东、四川，他们的感情从未有过改变，一直是这样相爱相敬，互相扶携；他们就这样从青年走到中年，从壮年走到暮年，这种幸福，让人羡慕不已。这世间最美好的情感，就是最长情的陪伴。正是有了妻子的支持与陪伴，王火老师的创作从未停歇。正如王火老师在一篇文章中回忆道：

> 每当我写作，她常静静坐着陪我，看看书报，更多的是拿我写了放在她面前的文稿一张张阅读，有时候倒杯水给我轻轻地放在桌边。当我停笔时问她："怎么样？"她总是微笑着说："行！"

在这世间，这样的爱人可遇而不可求。王火老师是幸福的，他有这样懂他、爱他、为他的妻子默默地相随与陪伴。凌起凤老师同样也是幸福的，她有王火老师这样疼她、怜她、念她的丈夫一生相伴。他们的感情是那样真挚与深沉。

2011年，在凌起凤老师去世后不久，我收到王火老师从成都寄来的《王火序跋集》。在《心意》一文的开头，王火老师这样写道：

> 编这本序跋集时，起凤去世已快六个月了！她走了！我书桌对面那张靠背椅总是空着，我的心也总是寂寞孤独，过去，那是她的座位。……但现在，这一切都没有了！我总是摆脱不了想念她。想起她，我就想哭，因为她是一个用她一生疼着我的人，如今生死两茫茫，我岂能不朝思暮想？夜里，我总希望在梦中再见到她，但我服安眠药入睡，很少能见到她，偶然见到，梦醒后更加伤心。

看到这儿，我黯然神伤。一个年近九旬的老人，用这寥寥数笔，写出了自己对爱人逝去的那份无尽牵挂。这份情感是何等深沉！何等厚重！深得让这位老人茫然不知以后该如何独自面对黑夜！重得让这位老人梦醒时，心是那样疼痛！

我相信，凌起凤老师走的时候，回想自己的这一生，心里是安静与幸福的，但同样会有一份深深的不舍与牵挂。她知道她走后，王火老师一定会长久地思念她。而这长久的思念，会让一位近九十岁的老人的心长久地疼痛。她不希望如此，但此时她已不能开口说话，她只能用自己仅能做的一切默默地告诉自己的爱人。

在凌老师即将离开这世界的时候，王火老师站在她的床前，用右手紧握躺在病床上的她的右手，她紧紧地握住丈夫的手，深情地看着他，一句话也没有。那一刻，他们的心紧紧相连。

王火老师记得，他与妻子互望的瞬间很短。随后，她闭眼不看，手渐渐松了。

　　氧饱和、心跳、血压、呼吸——都在下降，她的手变得冰凉，我的心也开始变得冰凉。这一刻终于还是来了，我忍不住在她的额头上深深吻了一下，眼泪悄悄地流下……七姐！一路走好，将来我会同你在一起的！

读到这里，我不由得想起王火老师送我的那幅《张继枫桥夜泊诗》书法，"月落乌啼霜满天，江枫渔火对愁眠。姑苏城外寒山寺，夜半钟声到客船。"

我很喜欢读王火老师的《战争和人》三部曲，喜欢他在小说中对苏州的描写，更喜欢小说中姑苏城外寒山寺所给我的那种意境。所以，有一次，我跟王火老师说，能否方便时送我一幅有关《枫桥夜泊》书法，我想留作纪念。

王火老师因为很早以前左眼受过伤，几乎失明，他给我写这幅字的时候，双眼都已不是很好。但王火老师依旧为我这位小友题写了该诗，并致信一封。

……我二十多年前瞎了左眼后，就不写毛笔字了，视力不好，写字常斜歪，影响布局，久未练习，写的字如同画符，留作纪念则是可以的，别见笑……

王火老师太过谦了，在我眼中，王火老师的《夜泊枫桥》写得很美，它不仅常让我想起《战争和人》小说中曾出现过那些人、那些事和那段烽火岁月，还让我在一笔一画中，体味出王火老师对我这位小友的情谊，这份情谊让我深深感动。

当我默读这首诗时，突然心中想到："月落乌啼霜满天"，"霜满天"，不正是现在王火老师的心境吗？"江枫渔火对愁眠"，"对愁眠"，不正是王火老师追思妻子的那种愁思吗？王火老师最近要从成都出发去苏州、上海看望朋友，不知当王火老师再次走到寒山寺的时候，再次听到那钟声的时候，会是怎样的心境？但我想，他对妻子的那份眷恋与思念，远行的妻子一定能感受到。

四

作为王火老师和马老的小友，我知道他们有着三十多年的友情。这份情谊，随着时间更加醇厚。

2018年6月24日上午，马老18卷703万字《马识途文集》新书首发式在四川省图书馆举行。王火老师虽身体不适，却依旧前往。在致辞中，王火老师充满敬意地讲道：

我太高兴了！这次专程来祝贺他。马老人届高龄，完全可以弃笔休养了，但还在奋笔写下去。据我自己查阅相关资料发现，能在104岁这么大年纪还在保持如此旺盛创作力的作家，马老是世界之最。我认为，这是他出乎对文学的一腔眷爱，别无所图；这是对于祖国、人民的两肩责任，不愿冷漠。……我比马老小十岁，我与他是君子之交淡如水，有时半年都见不到一次，但是一见，谈起往事就非常亲。我刚病了一场才好，现在手还有点抖，但我还是为马老写了一副对联——赤胆忠心老革命，灿烂辉煌大作家。

2017年8月4日，"《王火文集》首发暨赠书仪式"在成都购书中心隆重举行。103岁的马老不顾酷暑和家人劝阻，执意前往参加，为老友王火送上自己的祝福。马老说："几十年的交情，一定要参加。"

在首发式上，马老上台讲述了他与王火夫妇的深厚友情。

王火同志及他爱人同我相交了几十年。君子之交淡如水。王火同志常常关心我的健康，常来家里看望我，他们说话很少但是情真意切。我是深有感受的。我和王火同志的感情心心相印，是知心朋友。王火同志对我的创作一直比较关心。王火曾说，90岁以上的作家还在创作的，在文学界实属罕见。所以我这些年仍然在从事创作，这正是朋友们给我激励的信心。近年我又提起纸笔，写了几本书来。

在发言的最后，马老朗诵了一首自己以前写给王火夫妇的七律诗，用李白和汪伦之间的感情来表达他与王火之间的情谊。

淡水之交几十春，潭深千尺比汪伦。同舟共渡风雨夜，相见无言胜有声。

按照家乡习俗，2022年7月王火即将迎来自己的百岁寿辰。

6月开始，已经108岁的马老便一直惦记着要给自己的老友王火过百岁生日。马老很想亲自去王火家中祝贺，但考虑到王老住在没有电梯的二楼，逐级爬楼对马老来说已是一件十分困难的事。经过孩子们的沟通，马老决定提前邀请王火到家中来一起为他祝寿。

6月22日下午，在女儿的陪伴下，王火如约来到马老位于成都西郊的家中。一进门，两位许久未见的老友紧紧相拥。为了这次见面，王老女儿特意为老人们准备了统一的红色短袖衬衣。按照马老和王火的意愿，这次生日聚会只准备了一壶茶、一盘西瓜、一个蛋糕，他们笑称："这是我们的下午茶时光。"

为了给老友祝寿，马老特意书写了一幅"寿"字，并赋诗一首：

> 恭祝至交百寿翁，根深叶茂不老松。
> 百尺竿头进一步，攀登艺苑更高峰。

此外，他还为王老写了一副对联以示庆贺：

> 君子之交何妨淡似水，文缘之谊早已重如山。

两位老友虽同居成都，但因疫情，加之这两年王老身体不是太好，他们已有一年半未见。一见面，他们有许多话要说，但毕竟都已是百岁老人，听力早已大不如前，但这丝毫没有阻碍他们的交流。他们要来一块小白板和一支笔，把自己想说的话都写上去。一个刚写完，另一个便拿过去看，而后另一个写，一个再拿过来读。

时间在两位老人一笔一画中静静走过。对于这次见面，寿星翁王火老人很感慨，同时他也讲出了自己的一个小小愿望："我们很久没见了，但我们的友情一直都很深厚。我马上步入百岁了，马老已经108岁了，我们的友情继续延续。看到他身体健康，我很高兴，我也要保重身体，希望能陪马老过109岁生日，我们再坐下来好好聊天。"

在吃生日蛋糕前，王老戴上大家准备好的生日帽，马老也站起身来握着王火的手，两位老人开心地为大家共同切分蛋糕。

我总感叹，能与二老成为忘年交，实在是我的幸运和骄傲！我相信随着岁月的流逝，他们的故事还将继续。

五

王火老师与中国现代文学馆的交往由来已久，在20世纪90年代，王火老师就将自己《战争和人》三部曲中仅存的第二部《山在虚无缥缈间》和第三部《枫叶荻花秋瑟瑟》手稿无偿捐赠我馆。进入21世纪后，文学馆也曾多次与王火老师联系，希望能多征集他的手稿、信札、著作、藏书等资料。此事到2011年底有了进展，王火老师到北京参加第八次作代会时，我曾拜访王火老师并当面提出征集的想法。王火老师当即表示他会在回到成都后，认真考虑此事。毕竟自己已是87岁高龄的老人，是要为自己珍藏了几十年的资料找一个归宿。2012年9月8日，王火老师写信给我，商定10月下旬我去成都取一批他已准备好的书信。我便赴约去了王火老师家中。2013年下半年，王火老师再次通知我，他已整理出一大批要捐赠给文学馆的重要藏书、信札、手稿、字画等资料。我记得那次我们在王火老师家中整整工作了两天，当我们把这些珍贵资料一一装入箱中时，王火老师就像在看着自己即将远行的孩子一样，心中是那样不舍。很多书他都是摸了一遍又一遍，最后郑重地交到我们手中。王凌大姐在旁边跟我们讲："爸爸捐这些资料，也没征求一下我们孩子的意见，都给捐了，也不给我们留一些，哪怕做个纪念也好。"王火老师却认真地说:"还是要捐给国家,文学馆会保存好这些资料,以后有人要研究些什么,我这些资料也许会派上用场。留给你们,最后很有可能会散失掉。"我笑着对王凌大姐说:"王火老师是在为中国现当代文学史留下珍贵史料,你们家人这样支持他,不仅文学馆人要感谢你们,中国文学史同样要感谢你们。我们都在为文学史添砖加瓦。"

当这些资料全部装箱完毕,我们数了数总计38箱。望着一下子变得空旷的书房、书柜,王火老师感慨万千,他动情地跟我说:"这些资料跟了我几十年,这一下子都走了,顿时有些'家徒四壁'的感觉,心里还是有些受不了。我也不知道这些资料,文学馆是不是都有用,希望能对你们有些帮助。"我能理解眼前这位老人此时此刻的心情,我轻轻地握着王火老师的手,跟他说:"王火老师,您放心,回去后,我们会认真整理、登记、编目您这些珍贵资料。为更好保存、研究它们并传之后世,文学馆专门成立了'王火文库'。以后研究您,那些学者、专家不用东奔西跑,只要到中国现代文学馆'王火文库'就可以看到您最重要的资料。谢谢您这么多年来,一直对我们的信任和支持,我们一定会保护好、研究好这些资料,发挥它们最大的价值。"王火老师拍了拍我的肩膀,笑着说:"小慕,我相信你们,相信文学馆会很好地对待它们。给它们找到一个好的归宿,我心中的一件大事也算了了。"

我记得,那天我们将这38箱资料一箱一箱搬运下去的时候,王火老师就一直站在门口看着我们。当我们全部搬运完毕,即将离开时,王火老师还是那样站着,我能看出他对这些资料是那样不舍与牵挂。临别前,我再次紧紧握着王火老师的手,说:"王火老师,您多保重!您的这些珍贵资料,我们一定会保存好的,您放心吧!我来成都时,一定会再来看您!"王火老师拍了拍我的肩膀,点了点头。当我走到一楼,再回望时,王火老师还是站在二楼的门口，看着我们。我跟王火老师挥手道："回去吧，王老师，您多保重！常联系！"王火老师轻轻地挥手与我告别，"好的，小慕，你们一路多注意啊！欢迎你再来！"这个画面，我一直清晰地印在我的脑海中。

从王火老师身上，我学到了许多。能认识他，是我的福气。

在此文行将结束时，请允许我在千里之外送上我对这位老人最真挚的祝福：

恭祝王火老师百岁华诞！

健康！长寿！

（定稿于 2024 年 9 月）

与宗璞老师交往二三事

我最近一次见到宗璞老师，是 2024 年 7 月 27 日在中国现代文学馆举办的宗璞创作 80 周年暨《宗璞文集》出版座谈会上。1944年，16 岁的宗璞在云南昆明上中学时，就以笔名"简平"发表了自己的第一篇文章，这篇文章描写了昆明滇池的美丽景色。2024 年7 月 26 日，宗璞老师刚刚迎来了自己的 96 岁生日。在那天座谈会上，作为老寿星的宗璞老师精神状态很不错，穿着一身中式红色衣服，留着一头精神的白发。在发言中，她首先感谢了朋友们的到来，在谈到自己的文学生涯时，她说："80 年，路好像很长，又好像很短，一下子就到了。"紧接着，她深情回忆了自己的父亲冯友兰对她的教诲："我希望我们的国家向前发展。父亲跟我说过，'和'好像一道菜，必须许多的味道合在一起；而'同'是一样的菜在一起。希望大家铭记和领悟'仇必和而解'的道理。"最后，宗璞老师还回忆起自己与巴金、韦君宜等人的交往。

我有好几年没有见到宗璞老师了，自她从北大燕南园搬到小汤山后，我们见面机会少了许多。听着宗璞老师的讲述，真是感觉时间过得飞快，很多记忆都变得模糊。

前几天，当我在整理自己10多年前的日记时，我找到一些我当时随笔记下的与宗璞老师的交往片段，这使我渐渐想起自己去北大燕南园拜访她时的一些记忆。

2006年10月20日下午，天阴，又一次来到北大燕南园宗璞老师的小院。走进这熟悉的、质朴的、有些清冷的院落，我的心在那一刻也变得不再像平日那般躁动。这个小院早已成为我在这座城市十分挂念的地方，因为它的主人是那样一位谦逊和善、知性而睿智的长者。她让我感受到，在这样一个多变的世界，还有像她那样坚守自己心中那片清静洁净的土地的人，实在难得。她从不愿与这个世界去争什么，因为她从不觉得人应该从这个存在了许久的世界中攫取什么。在我心中，宗璞老师就像冬的寒梅、秋的太阳、夏的大海、春的桃花，让人感觉无比清悦，同时又如喝了一杯用山泉酿造的甘洌的米酒，让人感到醇香无比。

宗璞老师是我非常尊重的女性作家，因从文学馆到北大并不远，所以那时每过一段时间，我都会到她那里去看一看、听一听她的近况，聊一聊我们共同感兴趣的话题。

当我走进屋中，一股书香之气迎面而来，这里自己不知来过多少次，可每一次的到访，总能让我的内心变得沉静，因为我又可以安安静静地在这里与宗璞老师进行一次心灵的清谈。以前读到书香世家，总很难体会其含义。但在这里，我确实有了真切的感受：墙上的文人书法，随处可见的书籍，角落摆放的一架老式钢琴，古朴的家具。

屋中很冷，宗璞老师见到我这位小友到访很高兴。那天，宗璞老师穿了一件很漂亮的中式外套，很具东方意蕴，再配上宗璞老师那优雅、恬静的气质，这里真是那天阴霾北京的一抹亮丽色彩。因为宗璞老师耳朵有些听不大清楚，交谈时，我需要一字一句很大声地说话，我们交流着当下社会的一些现象，一些各自感兴趣的问题。突然，宗璞老师停顿了一下，她说要送我一本她的新书，她知道我喜欢读她的作品，喜欢她在作品中给我们读者创造出的精神家园。

宗璞老师让助手帮她取来一本她今年新出的著作。不一会儿，助手拿来 2006 年由北京燕山出版社出版的《宗璞精选集》。当宗璞老师把书交给我的时候说，自己眼睛不好，看不清字，无法给我题名相赠，若我有时间可读一读。我起身接过书，向宗璞老师表达谢意。坐下后，我翻读了一下，该书是"世纪文学 60 家"书系中的一本，全书收录了宗璞老师 21 篇小说，13 篇散文。其后，宗璞老师跟我说："读书是一件很有趣的事，你应该有计划地读书。你喜欢读书，现在已经很难得了，但读书还是要有计划，读书要有深度，要有厚度，要在脑中有力度。"

宗璞老师说完后，我轻轻地点了点头。对于我而言，确实要读一些有厚重感的书了。我虽整天以文学为伴，与作家为友，但自己很多时候就像一个陀螺一样盲目地旋转着，看不清未来，也不知现在，只是不停地原地打转。我也在读书，但读书常常是杂而无章，乱而无序；数量有了，却不见有什么质量，对自己的提升似乎也没太大帮助，白白浪费了宝贵时光。我告诉宗璞老师，在众多书籍中，我很喜欢读史书，我觉得读史能让我找到快乐，但自己还远远没有做到像宗璞老师所说的有计划地读，有深度、有厚度地读，看来计划是一件必不可少的工具。有计划的读书，我想将会成为我所要去面对的一件事情。

回去的几天，我很认真地阅读了这本《宗璞精选集》。读完之后，我自己还在书的空白处写下了这样一段话：

> 人生岁月，岁月如歌，歌如其文，文华其人。清淡悠扬，轻轻的言语，安详的静谧，往事让人如此追忆。她宁

静的双眼看到了这个世界的纷纷扰扰，但她依旧如初地热
爱这片土地与自己的人生。她从不退却，虽然她从不强势
于他人；她安静地漫步于这人世间，走一走，停一停，看
一看，而后继续前行。

写完这段话，我还记得自己第一次读到宗璞老师的《南渡记》
时的情形。那个夜晚，一盏灯，一本书，竟让我彻夜未眠。当读到
最后一个字时，我十分不舍地放下这本书。因为这本书打动了我，
让我沉醉其中，让我感受到一种幸福与安宁，虽然内心的澎湃在时
空中响彻。

2007年3月中旬，29岁时，我结婚了，而宗璞老师是这个城
市中第一位我发自内心想送喜糖的长者，她是一位知悉我内心、明
了我所往的贤者。当我在电话中表达我的来意时，宗璞老师高兴地
邀请我到家中坐坐，她也要沾沾我的喜气。当我见到宗璞老师，送
上我的喜糖时，宗璞老师开心地向我表达了她的真诚祝福。她告诉
我：婚姻是一种神圣而庄严的人生旅程。对于婚姻，她有着自己的
信仰与信念。在这场征途中，她和夫君蔡仲德先生携手走过一生，
他们相互扶持，相互鼓励，回望这旅程，她充满了思念。我明白宗
璞老师所说之意，我告诉宗璞老师：我知道婚姻对我而言，是一段
全新的人生；我刚刚起步，以后的路途还很久远与漫长，也不知会
遇见怎样的艰辛与波折，但我相信，只要我心中有那种信仰与态
度，我的人生亦会有美满的结局。

走出小院，我踏着轻快的脚步，仿佛生命得到了净化与淬炼。

2009年10月下旬，我一直在读宗璞老师送我的《四季流光》和
《西征记》。《四季流光》，四个人，四种性格，四种遭遇，四个结局，
像一年的春夏秋冬，让人从不同的季节找回人不同的际遇；《西征
记》是宗璞老师《野葫芦引》的第三卷。读《西征记》时，我被宗

璞老师那清雅恬淡、充满人性光辉与作为民族脊梁的语言所震撼，我一口气读完了这本书。《西征记》中的人与事让我如此牵挂，书中的年轻人为了我们这个国家与民族的独立而即将献出自己灿烂而朝气蓬勃的生命时，他们对人世间的美好是那样地充满着眷恋，对亲人朋友充满着思念，对祖国母亲脱离苦难充满着坚定期待，对自己的牺牲是那样无悔无憾。读到这里，我忍不住问自己：我可以做到他们这样吗？可以这样大无畏地去牺牲与奉献吗？可以不贪图人世间的浮华而那样承受艰辛与清贫吗？可以一如既往地坚守着生命中的那份孤独与残酷吗？我不知道答案会是什么。但宗璞老师笔下的他们做到了，他们做到了一个华夏儿女对中华民族的忠贞与热爱，他们是那样洁白无瑕。

每每读到宗璞老师的文章，我总有一种洗去心中之尘的感受。

我现在也喜爱写作，总希望自己也能写出宗璞老师笔下的味道，哪怕只有一些也好。我现在每天只要有时间，就有计划地努力读书。书读得多了，文章写得多了，我越来越感觉自己要努力的地方还有很多，我知道自己想要成为一名真正的作家，其实要走的路还有很长很长，正如冯友兰先生对女儿宗璞老师所说："当一个作家，要努力读懂自然、社会、人生这三部'无字天书'，还要用至精至诚的心劲儿把'无字天书'酿造为'有字人书'。"

路漫漫其修远兮，吾将上下而求索。

此时的窗外已是深秋，大地正渐渐走向冬季，熙熙攘攘的人群依旧忙忙碌碌，为了生计，为了更好的生活，为了自己的人生价值，为了自己离开世界前的不后悔、不遗憾，每个人都在努力地去拼搏。

最后，我在文学馆恭祝宗璞老师健康、长寿！希望宗璞老师还能再为喜爱她的读者写出一些美丽的文章，让我们的心有所寄托。

（定稿于 2024 年 11 月）

金庸的友情世界

　　2018 年 10 月 30 日下午 4 点，与梁羽生一起开创了"香港新派武侠小说"的金庸先生在香港养和医院去世，享年 94 岁。

　　我在中国现代文学馆做了 18 年的作家手稿、资料征集工作，很可惜从没见过这位武侠大师。但也正因征集工作，我有幸读过金庸先生写给好友梁羽生的一封亲笔信，有幸结识他的小友温瑞安先生。从他们那里，我真切感受到了金庸与朋友的真情谊。

　　这是一封金庸 1995 年写给梁羽生的书信。信的主体打印而成，开篇的"文统老友"和结尾处的署名、时间则由金庸亲笔书写。

　　在信中，金庸不仅向老友梁羽生详细讲述了自己的这次"重病"，而且还讲述了众多好友（沈宝新、王世瑜、蔡澜、叶运）在自己生病期间对自己的种种关心，这份关心背后的情义让金庸感动不已。

　　在信的第二段后半部分，金庸提道："初中同班同学，《明报》共同创办人沈宝新兄在病房外自始至终守候了 8 个半小时。我们相交 50 余年，到老来友情弥笃。"

　　沈宝新与金庸，在嘉兴一中因战乱迁到丽水碧湖时，就在同一个班级。当时沈宝新 18 岁，查良镛只有 14 岁。查良镛（金庸）是年级长，沈宝新是年级篮球队队员。1946 年，沈宝新到香港担任香港嘉华印刷厂经理。1948 年底，金庸从上海调往香港《大公报》工作。

　　1959 年，当金庸决定自立门户独立办报时，他找到沈宝新帮忙。很快，他们达成共识——注册野马出版社，先出版《野马》，以发表武侠小说为主。1959 年 5 月，他们把十日旬刊《野马》改为《明报》日报。《明报》创办时，两人合资：金庸出资 8 万港元，沈宝新出资 2 万港元。沈宝新负责经营和发行，金庸则担任总编辑和主笔。金庸以他的武侠小说和著名的政论吸引读者，沈宝新则在经营手段上努力。合作 30 多年，他们从未吵过架，他们相互信任、相互尊重，两人性格温和，从不斤斤计较。金庸曾说过："我跟沈先生合作到退休，合作无间，两人从来没有吵过架。他对我很尊重，我对他很客气，我们私交也不错，我们两个人个性都很随和，都不是斤斤计较的。"经过沈宝新与金庸的艰苦奋斗、并肩战斗，《明报》最后成为香港最大的报纸之一。

　　金庸后来在回忆沈宝新时，说过交朋友要在年轻的时候交，可靠。"我是小朋友，他（沈宝新）是大朋友。"

　　在信的第 2 页最后一段，金庸又讲到好友王世瑜专门从温哥华飞港看望自己。曾两度成为金庸手下的王世瑜，与金庸的交往也极富戏剧性。20 世纪 60 年代，王世瑜初入《明报》，职位只是信差。但他聪明勤勉，甚获金庸欢心，很快就由信差升为校对、助理编辑、编辑，到最后，更升任为《华人夜报》的总编辑。20 世纪 60 年代末，金庸创办了《明报晚报》。不久，便把它交给了王世瑜。但由于王世瑜的办报宗旨遭到金庸夫人的反对，争执之下王世瑜辞职，转投《新报》。当时他年少气盛，便常在报上拿金庸开玩笑，语多不敬，金庸也只是一笑了之。后来王世瑜自办《新夜报》，大赚一笔，赚钱后便卖掉报纸，举家移民加拿大。金庸听说他不办报了，立刻邀请他回来重新加盟《明报》，任《明报晚报》和《财经日报》的社长，重新收归旗下。对于金庸不计前嫌并委以重任，王世瑜从内心极为敬服。他后来对金庸有过评价："深懂用人之道，懂得放手让下属办事，三十多年来我从未见他辞退过一名员工，或骂过一名下属，但公司的同事对他都很尊敬。"所以当听说自己的老师、伯乐、老领导身体出现这么大问题时，王世瑜一定要从温哥华，不远万里回来探望。

金庸在信中还谈到好友蔡澜为使自己康复，所做的虔心祷告和对他至诚的关心，让他感动至深。

日日如是，这一点绝不是一般人能做到的，如果不是至真至诚至信的朋友，谁可能如此尽心尽力？

老友叶运的举动，同样让走过生死关的金庸铭记在心。《明报》三十余年的旧同事叶运兄因病双目失明，得讯后摸索来到病房，要摸住我的手，听到我说几句话，这才放心离去。"要有怎样的情谊，才能让一个已经看不见这世界的老人，摸索着前往医院去看望自己的朋友。去了之后，只是希望能摸摸金庸的手，听听金庸的声音。

这种朋友世间难得，能得金庸这种朋友，他们是幸福的；能得叶运、蔡澜、沈宝新、王世瑜这种朋友，金庸是幸福的。有人的地方就有江湖，江湖之中要有知己，知己之间要有情有义，"大侠"的生命中应有这种重情重义的知己，方不枉此生。

这些朋友的真挚关心，让金庸感受到世间友情的可贵，看到自己在人世间的幸福，"……使我深刻感到人生感情的可贵，觉得虽然大病一场，经历了肉体极大的痛苦，其实还是所得多于所失。……以我这样冷冰冰的性格，平日很少对人热情流露，居然还有这许多人关怀我，真心地爱我，觉得我这个人还不太讨厌，……心脏肌肉虽然坏死了百分之十六，心中的温暖却增加了百分之一百六十"。这些真情让金庸对自己的未来充满了信心，"不妨再多活几年，瞧他以后还会做些什么"。

在信的最后，金庸告诉梁羽生，医生告诫自己"要节劳、忘忧、膳食清淡、适当运动，心血管病六七年内当可不致复发"。在这里，其实我们能看出，金庸其实也在告诫自己老友梁羽生要多注意保养身体。都是古稀之人，只有按照医生说的这四点，老人的身体问题才会少一些，身体也才可能健康些。由此可见金庸对老友深厚的情谊。在金庸近7个月的住院时间里，梁羽生也是心生牵挂，多次问候。现在病情总算稳定了许多，身体也渐康复，终于可以提笔致信时，金庸第一时间便要写信告诉老友自己的情况，请他勿再牵挂。"患病期间，多承关怀，现简述病情经过，并深切谢意。"

金庸、梁羽生二人早在20世纪50年代初，便已是《新晚报》的工作搭档。那时，他们有一个共同嗜好就是下围棋。他们常在一起对弈，杀得昏天黑地。时任香港《文汇报》副总编辑的聂绀弩，每天最大的兴趣就是找这两个年轻人下围棋。"三人的棋力都很低，可是兴趣却真好，常常一下就是数小时。"三个人旗鼓相当，有输有赢，金庸与梁羽生经常联手对付聂绀弩，杀得难分难解，从下午一直下到晚上，有时甚至下到天亮。两个棋迷在报上写的"棋话"也互争雄长，不相上下，深受棋迷欢迎。

50年代末，金庸离开《新晚报》回到《大公报》，后辞职开始创办《明报》。二人的来往也少了许多，但情谊依旧。晚年的金庸与梁羽生，一个在香港、一个在悉尼，远隔千里，难得见面。在仅有的几次见面中，下棋几乎成为这对老友必有的项目。1994年1月，金庸前往悉尼参加作家节，那时他们已十年不见。梁羽生热情地邀请金庸到家中做客。当金庸来到家中，梁羽生拿出一副很破旧的棋子，开心地跟金庸说："这是你送给我的旧棋，一直要陪我到老死了。"梁羽生还有几本清代的棋书,《弈理指归》《桃花泉弈谱》也是金庸送的。两位古稀老人这次难得见面,最大兴趣依旧是下棋。他们一下就是两个小时,直到疲乏,有些头晕才作罢。

2009年初,梁羽生去世前夕,他们最后一次通话,电话里梁羽生的声音很响亮:"是小查吗? 好,好,你到雪梨(悉尼)来我家吃饭,吃饭后我们下两盘棋,你不要让我,我输好了,没有关系……身体还好,还好……好,你也保重,保重……"想不到几天后,梁羽生便永远地走了。当听到老友去世的消息,金庸悲伤不已,特写挽联悼念自己这位半个世纪的老友:

痛悼梁羽生兄逝世

同行同事同年　大先辈

亦狂亦侠亦文　好朋友

自愧不如者

同年弟金庸敬挽

金庸原本打算这次春节后去澳大利亚,跟相交60年的武侠老友再下两盘棋,再送几套棋书给他。可这一切,现在都已经无法实现,这也成为金庸心中一个永远的遗憾。

金庸对朋友的侠义之情,同样让小友温瑞安先生感同身受。我有幸在中国现代文学馆与温先生结识,并听他讲述他与金庸先生的"忘年之交"。

温瑞安与金庸的第一次见面,是1985年在香港大会堂。第一次见面的当天,金庸热情邀请温瑞安和他的朋友坐自己的游艇出海游玩。在这次聚会中,温瑞安对金庸谈出了自己对他的感觉是"有容乃大"四个字。金庸点点头,补充说:"这四个字下面本来还有四个字,就是'无欲则刚',而这八个字就是《明报》办报的宗旨。"

　　第一次见面，温瑞安便感觉金庸是那种"虽没有摆任何姿态，但自有气派"。此后，他们便开始了交往。温瑞安常在自己陷入迷惑时，向金庸求教。在他眼中，金庸是一个可敬、可亲、可爱的长者和朋友。有一次，温瑞安和几个朋友想搞一个"神州社"。不久，他便给金庸写了一封很长的信，谈到自己在交友方面的想法和苦恼。他在信中特别告诉金庸不要给他写回信，因为他知道金庸太忙，为自己而耽误写作，自己于心有愧，读者也不会答应。但金庸还是很快给他回了信，而且还是在赴美前夕百忙之中速复的。在信里，金庸对温瑞安这样说道：

　　　　你办"神州社"，那是很难长期支持的一种友情理想，你必定极爱朋友，满腔热诚的（地）待人，从你最近的文章中，得知有些兄弟姊妹离开了你。瑞安，天下没有不散的宴席，有的人厌倦了，转变了，心情不同了，那是必然的事。已经有过几年几个月，几天的相聚，还有什么不知足的？一夜（日）夫妻百日恩，百夜（日）夫妻海样深，朋友之道亦当如是观。不要认为他们是"背叛"，那是太重的字眼。人生聚散匆匆，不必过分执着，千万不要把你的朋友当作敌人，那么你心里不会难过，朋友也不会难过。夫妻只是两人之间的事，要白头偕老也是极难，何况数十人的结社？如果有人离开，最好是设法当他是"神州社"的支部，如此不断扩充，亦美事也。我明晨赴美，约十日后回港。

　　对于自己的这位小友，金庸总是在武侠小说创作方面及时给予建议。他曾当面批评温瑞安小说常另辟段落写山川风景，这样做其实不够自然。也批评过他文章写得太快，难免会有疏漏。"文学上，节制是很重要的，要将奔腾的感情约束在含蓄的文句之中。你的小说有很大的吸引力，然而往往放而不能收，给人一种'过分'的感觉。《四大名捕》很好，《今之侠者》中前几篇也很好。《神州》与《血河车》似乎写得太仓卒（促）、太快，自己特有的风格反而少了……"也曾指出他的小说中兄弟背叛出卖的情节过于重复……当然，金庸也会跟温瑞安说："你不一定都要接受。"但每次，温瑞安总是虚心接受金庸意见，并尽量在下一部小说避免重犯同样的错误。

1981年，温瑞安在香港曾写过一篇《杀人者唐斩》（又名《结局》），其中用了很多现代文学的技巧与手法。金庸读到这篇小说后，特地邀温瑞安夫妇去听涛馆吃饭，金庸亲自开车来接他们。吃饭的时候，金庸手里拿着温瑞安的这篇小说，笑着说：《结局》写得很精彩，很好，《明报》要用，不过有些错漏，不妨拿回去再改一下，要是不改，《明报》也会用。"最后吃完饭往外走时，温瑞安竟然把小说稿子忘记在椅子上，餐厅服务员赶忙追了出来，把稿子交给了金庸，金庸还替温瑞安付了小费，并且笑着对温瑞安说："这么好的稿子，别丢了哦！"温瑞安双手接过稿子，心情显得非常沉重："我不知道古人传递衣钵的情形怎样，但我要记住这份感情。"

我记得那次临别之际，我请温瑞安先生题写一句有关武侠的话。温先生拿笔沉思了一下，然后运笔如飞，在我的册页上题写了"慕津锋使友　神州武侠不灭　温瑞安"。

我想这句话正体现出金庸先生对温瑞安的巨大影响。

我相信这个"武侠梦""江湖梦"，也将会永远留存在我的心中。

金庸先生，一路走好！

补记：2024年是金庸先生诞辰百年，虽然先生西行已经6年，但关于他的故事人们一直在谈论，他的武侠小说还在一次又一次地被搬上荧屏。

"飞雪连天射白鹿，笑书神侠倚碧鸳"，早已是武侠世界的经典诗句。

111

我与诗人屠岸先生的交往

　　2023 年是屠岸先生诞辰 100 周年，先生离开我们已经 6 年，但他的朋友们从未忘记过他，中国当代文学也从未忘记过他。作为我国当代文坛著名诗人、翻译家、编辑家，屠岸先生留给人们的印迹是那样深刻。他是那样的温文尔雅，与他谈话，完全是一种美好的精神享受。

　　作为他的小友，我与先生的相识，源于 2000 年中国现代文学馆搬到芍药居新馆。那时，我有位同事从事诗歌研究，我在文学馆从事征集工作。一次在文学馆举办的文学会议上，经过那位同事引荐，我得以认识屠岸先生。现在一想，那已是 23 年前的事情了。当年青涩的小慕，也已变成 40 多岁的"老慕"。时光真是逝者如斯。

一

　　"胆欲大而心欲细，智欲圆而行欲方。这是家母教我的座右铭。屠岸，二〇一一年十一月廿二日"。

这是屠岸先生 2011 年冬，在参加中国作家协会第八次全国代表大会时，为我写下的一句话。当时我想请相识的老作家们每人给我写句话，收集成册、留作纪念。因为有些老作家岁数已经很大，下一个 5 年后的大会他们能不能再来北京，谁都不可预知。

我现在依旧记得屠岸先生在接受我的邀请后，首先认真地读起四川马老（马识途）为我写的那句诗："为天下立言乃真名士，能耐大寂寞是好作家。"当看到马老为我册页所题《嘉言集》时，屠岸先生说："既然是《嘉言集》，我要好好想想写点什么给你。"屠岸先生思考了很长时间，最终提笔极为认真地为我写下了这句话。写毕，屠岸先生告诉我，这是在他小时候，母亲常教导他的一句话。他一生都在遵循着母亲的这句教诲，不敢忘记。

说句真心话，当时我对于这句话的来历并不了解，对其确切含义，也不是十分清楚，只能大致感觉这句话的意思。后来，我翻阅了相关资料，知道其最早源于《淮南子·主术训》："凡人之论，心欲小而志欲大，智欲员（圆）而行欲方，能欲多而事欲鲜。"而最终说出此句的则是唐代孙思邈。这是他对卢照邻所说的一句话。（见《大唐新语·隐逸》）此句的含义是"胆量要大，心思要细密；智谋要圆通，行为要端正"。

那一年，屠岸先生恰至米寿（八十八岁），却依旧清晰记得小时候母亲对他的教诲，可见母亲在他心中是有着多么大的影响。

屠岸先生的母亲屠时（字成俊）是一位受过现代女子师范教育的知识女性，她同时又深受家庭传统文化影响，在诗歌、绘画、音乐方面都有很深的造诣。屠岸先生称母亲为"了不起的女子"。屠时的家族在常州算得上是名门望族，屠岸先生曾自豪地介绍过他的大舅公（屠岸外公的哥哥）说："大舅公屠寄，字敬山，是辛亥革命常州元老之一，也是近代史学家，是光绪年间的进士，拥护孙中山的民主革命，响应武昌起义，曾跟随孙中山。大舅公还是辛亥革命后武进县的首任民政长，后任国史馆总纂。"屠寄作为大学者，曾编著史书《蒙兀儿史记》；屠岸的大舅屠元博也是一代名士，著名的常州中学创办人，曾在北京担任过国会议员，后被日本人毒害而亡。

从小，屠岸先生学生时便受到出身世家的母亲的熏陶。那时家中有一副对联："春酒熟时留客醉，夜灯红处课儿书。"下联描述的正是屠岸先生当年学习的生活。在母亲的教导下，屠岸先生从少年时代便随母亲吟诵古典诗词，先读《古文观止》《古文辞类纂》，后又开始学习《唐诗三百首》《唐诗评注读本》。屠岸先生至今仍记得，在读《古文观止》时，母亲规定他读三十遍，并在书中夹上带有数字的字条，屠岸先生读一遍就抽出一张字条，直到字条全部被抽出。正是在这种严格训练中，古文和古典诗词在屠岸先生心中烙下了深深的印迹。后来，屠岸先生更是将母亲教导孩子吟诵诗歌的习惯延续到自己的家中。自 2003 年，每逢周末或节假日，屠岸先生便与子女、孙辈举行"家庭诗会"，朗读、赏析诗歌，家中充满了浓重的诗的氛围，可谓是"诗书传家"。

爱好诗歌的母亲对屠岸先生的影响，无处不在、无时不在。屠岸先生 14 岁时曾得过一次严重伤寒，高烧不退，最后昏迷。等他醒来时，首先看到的是母亲充满爱意和焦虑的眼神。等屠岸先生病情稍好，母亲便吟诵唐诗宋词给他听。母亲希望这些古诗词能帮助儿子减轻病痛带来的苦闷。屠岸先生至今还记得：抗战时期，他们举家逃难到亲戚家，母亲一边做针线，一边吟诵杜甫的《春望》："国破山河在，城春草木深。感时花溅泪，恨别鸟惊心。烽火连三月，家书抵万金。白头搔更短，浑欲不胜簪。"抗战爆发后的颠沛流离，让少年的屠岸此时对这首诗有了切身感受，也让他知道国弱民被欺的痛苦现实。这些人生经历促使年青的屠岸开始思索自己的未来、国家的未来，并开始寻找救国之路。

从母亲那里得到的中国古典诗文的滋养，对于屠岸先生是一种润物细无声的影响。初二时，屠岸曾悄悄作了一首旧体诗，当被母亲发现后，屠岸惴惴不安，害怕母亲会说他不务正业。但母亲不仅没有责备他耽误学业，反而细心批改了他的习作，并用心教他分辨平仄、音韵，并要求他学会大声吟诗，说这对于诗歌创作是很有帮助的。在母亲吟诵诗歌的感召下，屠岸也养成了吟诗的好习惯。2016年，已是93岁高龄的屠岸先生在与好友高莽、罗雪村等相聚时，依旧用饱满的热情朗诵着他心中的诗歌。

除了诗歌，屠岸先生还从母亲那里学习绘画。他尤喜速写。19岁那年夏天，在吕城，屠岸画了很多速写，其中有一幅他与哥哥下棋的炭笔自画速写，他自己极为喜欢，并一直保存下来。后来这幅画被他选入自述集《我的诗歌创作·"诗呆子"的痴迷状态》作为插图。

2014年5月10日，中国现代文学馆举办了"边写边画——六位作家速写展"。这六位作家分别是屠岸、高莽、赵蘅、肖复兴、罗雪村、冯秋子。其中展品中最早的一幅速写便是1939年屠岸先生所作的画作。屠岸先生的速写以风景画居多，他笔调沉静，充满诗情。对于速写，屠岸先生认为："速写贵似写诗，须抓住刹那注入脑际的闪电。"

对于母亲的教诲，屠岸先生一直记在心中，从未忘怀。对母亲的思念，屠岸先生也一直长埋心中。晚年，屠岸先生在宝岛台湾游历时因看见了久违的萱草，激动地写下了一首《萱草》，表达自己对母亲的那份深深思念。

> 萱草，萱草，我藏在心中的忘忧草；
> 萱堂，萱堂，我永远怀念的亲娘。
> 母亲想外婆，把画室命名为萱荫，

我思念母亲，让萱荫做我的书房。

画室的墙上挂着"萱荫阁"匾阁，

书房的桌上摆着"萱荫阁"图章。

品尝过金针菜无比纯真的甘美，

却不曾见到过萱草生长的模样。

我曾经询问过朋友，想一见萱草，

始终没如愿，我责备自己的荒唐。

突然，在彰化民族文化村植物园，

一大片萱草在我的眼前放绿光。

扑上去，抱住它！感谢宝岛为我

提供了与母亲灵魂相会的地方。

二

　　我与屠岸先生相识相交近 16 年。每逢春节和生日，只要没有其他事，我都会前往屠岸先生家中登门庆祝。屠老现在所住的房子，依旧是 50 年前他在《戏剧报》工作时单位分给他的老旧楼房。我记得我第一次登门拜访时，当时很不理解：这位曾做过人民文学出版社总编的大诗人，怎么还住在这么陈旧的房子里？这不过是极为普通的三室一厅，房子面积也不大，这使得他的客厅和卧室到处都是书。每次进入其屋，我都能闻到一种淡淡的书香。

　　住在这狭小的世界，屠岸先生从未抱怨，反而是那样惬意与洒脱。唐代大诗人刘禹锡曾有《陋室铭》传世，其悠远的意境、淡泊的情怀，至今仍是中国文人安贫乐道的座右铭。屠岸先生曾效仿《陋室铭》写了一篇《斗室铭》：

> 室不在大，有书则香。人不在名，唯德可仰。斯是斗室，唯吾独享。隶篆依次立，水墨笼三墙。谈笑有知己，往来无大亨。可以阅莎士，听萧邦。无声色犬马之累，无追名逐利之忙。京都老虎尾，海上缘缘堂。竖子云：彼此彼此！

诗中，屠岸先生将自己的书房比作鲁迅北京故居中加盖的"老虎尾"和丰子恺早期在上海的简易宿舍"缘缘堂"。也许正是有了这个斗室的书香，屠岸先生才怡然自得，别无他求。屠岸先生的这种心境，让我敬佩不已。我想这首《斗室铭》既是其书房的真实写照，更是一个宁静致远、淡泊明志的中国传统文人内心世界的展示。在自己的世界，诗人为自己构建了一方高雅、宁静的天地。虽然不大，但在这里，他能够葆有自己那份善良、温厚的天性和追求自由的灵魂。

我对诗歌并不是很了解，所以每次来到屠岸先生家中，我大都会跟他谈谈文学馆最近的动态，我所认识的他的作家朋友最近又有什么新情况，文坛又出现什么新鲜故事……屠岸先生总是面带微笑，静静地听我诉说。有时，也会跟我聊起他曾经的一些故事。有一次，大概是2015年年中。我们馆那年4月刚刚举办了"诗人纪弦文物文献捐赠仪式"。不久，我在探望屠岸先生时，谈起了纪弦。我问屠岸先生是否认识纪弦，屠岸先生说没有见过他本人，他第一次读他的诗大概在20世纪40年代初的上海。纪弦比他大十多岁，是前一辈的诗人，他的诗歌属于现代主义甚至是后现代主义。随即，屠老跟我讲起一个他与纪弦之间的小故事。

> 抗战时期，他（纪弦）在上海办过一个刊物叫《诗领土》，当时他的笔名叫路易士。他大概知道我这个人也写

诗，就派一个人来和我联系，但那天我恰恰不在家。我母亲问他是哪里的，他说是《诗领土》的。我母亲不知怎么听成了"司令部"。她就很害怕，说怎么日本宪兵司令部来找我的儿子了？她就说我儿子不在这里，《诗领土》的人就没再和我联系过。……纪弦的诗总的来说，我读得不多，我感觉他的语言有一些新的东西，不是很传统，是一种现代主义的风格。

屠岸先生的语速不是很快，偶有常州的一些音调。在我眼中，屠岸先生是一位风度翩翩、温和儒雅的谦谦长者。他在与我谈话时，总是目光炯炯，神情专注，坐时也常常是身体笔挺，两手相握，让我从内心感到他在认真地倾听着我的诉说，这份对他人的尊重与认真，让我敬服。

先生的生活极有规律，我曾问过他的长寿秘诀是什么，屠岸先生说其实自己年少、年轻时，身体常常不好。当时很多人都说他活不长，但没想到，后来他的身体渐渐得到恢复。到了晚年，他的身体总体感觉还是不错。自己其实也没有什么特别的保养方法。空气好时，就出去散步；每日生活十分规律；饮食上吃得较为清淡些。他的家人曾告诉我，屠岸先生崇尚儒家的中庸之道，即不偏不倚、不亢不卑、不争不闹、不气不恼，处世讲究阴阳平衡。我想心态其实是最重要的良药，心态好，一切皆安。

三

每次见面，屠岸先生对我的征集工作总是很关心。他不仅身体力行地积极向文学馆捐赠自己的资料，还帮助我结识新的作家朋友。我与周有光先生的相识，便源于屠岸先生的介绍。

有一年春节，我提前去给屠岸先生拜早年，在谈及我在征集中所认识的老作家时，屠岸先生建议我可以去看看周有光先生，试着征集他的一些资料。周有光先生是屠岸先生的表哥。我说我知道周先生，但并不认识他，手边也没有他的联系方式，也不知他住在哪里，不知怎样去拜访。屠岸先生当即很热情地把周先生的联系方式和地址给了我，并且告诉我，可以打着他的旗号去拜访，周先生应该不会让我吃闭门羹。他跟我说，周先生很喜欢有人去陪他聊天，老人其实是害怕寂寞的。这于我而言，可谓是天赐良机。能跟中国"汉语拼音之父"周先生见面，这不是谁都有的机会。就这样，我很快打着屠岸先生小友的旗号与周先生联系。不久，我便顺利前往周先生家中拜访。

与周老相识多年，我受益颇多。周先生常告诉我：作为年轻人要学会"从世界看中国"，不要"从中国看世界"，目光要放得长远，不要计较一时一地的短暂得失，人要有大胸怀；一个国家、一个民族要对世界先进科技有着永不停歇的追求，只有这样，这个国家和民族，才会有希望。中国现在还远没有到沾沾自喜的时候，我们还有很多事情要做。每每我与屠岸先生谈起周先生的很多观点时，屠岸先生也表示非常赞同。

屠岸先生后来曾说过："我从有光大哥身上得到非常多的文化教益。"在屠岸先生眼里，周先生是一位充满着乐观与智慧的兄长。屠岸先生曾回忆："张允和大姐过世以后，有光大哥本来非常悲伤，但很快就平静下来了。他曾经跟我说过这样含有哲理的一句话：'西方有一位哲学家说过，人的死亡是为后来者腾出生存空间，这样人类就可以生生不息，一代一代地传下去……'从这样一个观点来看待死亡对我来讲很新鲜，但又印象深刻。"

后来几年，随着屠岸先生年纪的增大、身体的衰老，他与周先生每年见面的次数也越来越少。毕竟岁月不饶人，屠岸先生也已是

90 多岁的老人。周先生那没有电梯的三楼，于屠岸先生而言已是很难攀爬。但在心中，屠岸先生却一直牵挂着这位表哥。

2017 年，周先生在家中过完 112 岁生日后的第二天，便安详地离开了这个世界。当屠岸先生得知表哥仙逝的消息后十分悲痛，当天便写下两首诗送别周先生。一首《贺有光大哥百一二寿》，一首《悼有光大哥仙逝》。

贺有光大哥百一二寿

矍铄冰清耄耋超，披沙跨海搏腾蛟。

红尘俯瞰芸芸热，字库攀登节节高。

创意氤氲新仓颉，拼音浩荡亮瞿陶。

明时蔼逊辞之父，方案风云万国标。

2017 年 1 月 14 日晨 8 时半

悼有光大哥仙逝

一声霹雳电传来，智觉惘然眼发呆。

超耋寿翁登仙去，群黎仰首瞩云台。

浩然正气谁能屈，著作等身洵大才。

方案实施标准化，全球铁定莫疑猜。

2017 年 1 月 14 日上午 10 时许

作为周先生的小友，当得知消息后，我本想与周先生家人联系，看能否到家中悼念，以及询问周先生追悼会的时间，我想能去送周先生最后一程。但无论怎样打电话，周先生家中都一直无人接听。后来，没办法，我只好打扰屠岸先生。我知道这时本不应去打扰这位心中悲伤的老人，但除了屠岸先生，我无人可问。而且远在成都的马老（马识途），也专门打电话请我代表他去给周先生送个花篮，以致哀悼。对于这位已经103岁老人的远方重托，我是无论如何也要完成的。

屠岸先生在电话中告诉我，周先生的后事由他的单位和他在美国的孙女主持，他也在等消息。他说，一旦有消息，他会第一时间通知我。我向屠岸先生表示了感谢。后来，屠岸先生的女儿很快把负责周先生后事的同志的电话给了我。1月15日上午，我在征得周先生治丧小组负责人的许可后，急忙赶赴周先生家中，代表文学馆征集室和马老向周先生送上了最后一束鲜花。在他的像前，我深深地三鞠躬。后来，屠岸先生的女儿给我打电话，说由于一些原因，周先生的家人不愿举办追悼会，只希望由家人送别周老，就不邀请其他朋友参加了。也许家人是希望周先生能不被打扰地静静地离开这个世界。

听到这个消息，对于无法送周先生最后一程，我内心非常失落。但我还是非常感谢屠岸先生和他的女儿第一时间告诉了我这个消息。我亦深深体会到屠岸先生待人的真诚与信义。像对我这样的小友，他还是那样地挂心和关照。

那年2月，屠岸先生让他女儿给我打电话，说最近准备捐赠给我馆上海人民出版社刚刚出版的一套屠岸先生翻译的《莎士比亚十四行诗》线装本、海天出版社出版的《莎士比亚十四行诗》精装本以及《屠岸诗文集》，因为比较沉，而且家中正准备装修，麻烦我去取一趟。我说："这哪叫麻烦？这是我的本职工作。我要感谢您们对我工作的大力支持呢！"当天中午，我便开车前往屠岸先生家中。

当我走进屋中，正在休息的屠岸先生赶忙起身相迎，让女儿找来他的签名笔，随即便坐在他的书桌旁，认真地在每一本书上写下他的签名与题词，最后还特地跟我说，《莎士比亚十四行诗》精装本因为印数少，出版社给他的非常少，所以只能捐赠这一套，还请文学馆见谅。对于他的其他资料，他会慢慢整理，符合文学馆要求的，他在以后合适的时候会继续捐赠给文学馆。对于屠岸先生的认真与真诚，我极为感动。我说："屠老，我代表征集室感谢您常年对我们工作的支持。您刚拿到新书就想到我们。谢谢！"为了不耽误屠岸先生的休息，我拿着签好名的新书起身告辞。屠岸先生一直送我到门口。我在出门前，握着屠岸先生的手，嘱咐他多注意身体！捐赠的事情慢慢来，需要我做什么，需要文学馆做什么，就直接联系我，我随叫随到。

一晃半年过去，我 9 月初刚刚调整了工作，由征集室调往保管阅览部。由于以后将不再负责征集，我想我可能与这位老人见面的机会会少一些。不承想，10 月初《传记文学》杂志想在 2018 年初做一期屠岸先生的专题，斯日主编知道我与屠岸先生比较熟，希望我能帮忙联系，她想对屠岸先生进行一次专访。在征得屠岸先生同意后，10 月 14 日下午，我陪着斯日主编前去屠岸先生家中拜访。那天，屠岸先生比我上次来时感觉身体弱了些，但精神还是很不错。那次采访大概进行了一个多小时，斯日主编提问，屠岸先生作答，我则坐在一边静静地听着。屠岸先生在采访中讲起了他的父母、他的学生时代、他的表哥周有光、他所喜欢的莎士比亚、他对诗歌的看法。当讲到他亲历的那些人生坎坷时，屠岸先生是那样平静、那样淡定，他那优雅的气质，让我钦服。屠岸先生在回顾其一生时，微笑着说自己真的是"生正逢时"，没有什么可遗憾，也没有什么可抱怨的。

我最后一次见到屠岸先生，是在 2017 年 12 月初的和平里医院。当得知屠岸先生住院，我和同事当天下午便前往医院探望。当我们走进病房时，我看见屠岸先生身上已经插上了管子，身体很衰弱，并不时地发抖，他总是感觉冷。当我们走到床边与屠岸先生握手时，他认出了我们。当他看着我时，那一刻我的脑子一片空白，我不知要说什么。很快，屠岸先生又闭上眼，他想翻个身，但他已经做不到了，后来是在儿子和护工的帮助下，才能侧个身。屠岸先生每过一会儿，因为胸闷气憋，就要深深地喘一口大气。我能感觉到老人其实已经很难受了。后来主治医生来查房，为了不打搅屠岸先生休息，我们退到了病房外。不一会儿，医生出来和家属商谈屠岸先生病情时，我们也站在旁边静静地听着。他的病情并不乐观，主治医生说医院已经尽了自己最大努力。医生走后，屠岸先生家属与我们谈起，他们最近也一直在努力寻找更好的医院，希望能把屠岸先生转到更好的医院进行治疗，但结果都不理想，他们心急如焚。我和同事安慰他们不要太过着急，我们文学馆也会去向有关领导和部门反映此事，大家一起努力，争取把屠岸先生转到好一点的医院。可上天没有给我们留下太多时间，最终屠岸先生还是走了，在这个寒冷的冬季。我们知道自己的力量太微弱了，能为屠岸先生做的也确实是太少了，唯一稍感安慰的是他走的时候没有太多的痛苦。

2017年初，1月13日，112岁的"汉语拼音之父"周有光先生走了。2017年末，12月16日，屠岸先生走了。这一对在中国文化界都做出过杰出贡献的表兄弟，在同一年先后离去，也许冥冥之中，这就是上天的安排吧。

2023年12月1日，由中国作协主办、中国现代文学馆承办的"屠岸百年诞辰纪念座谈会"在中国现代文学馆隆重举行，先生诸多好友齐聚在这里，一起缅怀这位可敬的老人。中国作协党组书记、副主席张宏森在致辞中称赞屠岸先生"对诗歌创作和诗歌翻译的探索与开拓，对出版事业的擘画与奉献，在中国现当代文学发展历程中留下了鲜明的印记"，"一生追求光明，奉守良知，坚持真善美。他是为数很少的既擅新诗又工旧体的诗人之一，为翻译工作者树立了标杆。他在人民文学出版社总编辑任内签发了许多重要的中外文学著作。他在诸多方面的杰出贡献，影响巨大而深远"。

我很庆幸今生能认识屠岸先生和周有光先生，从他们身上，我学到了许多为人、做事、做学问的道理，感谢他们让我知道了"美即是真，真即是美——这就是你们在世上所知道、该知道的一切"。

（中国作家网，2023 年 11 月 30 日）

两次拜访红学大师冯其庸

2024年2月3日，是冯其庸先生诞辰100年。时间过得真快，125先生离开我们已经7年了，但人们并没有忘记这位远行的红学大师。近日，"画到家山笔墨亲——冯其庸先生百年诞辰书画展"在无锡冯其庸学术馆开展。听闻此展开幕，今年已经100岁的叶嘉莹先生特地赋诗"一代人师关后学，百年归梦到前洲"，向先生致敬。

从1954年到2017年，冯先生将自己63年的人生岁月都献给了《红楼梦》研究。为了研究《红楼梦》，他曾在1967年12月3日—1968年6月12日将家中珍藏的《石头记》用朱墨两色抄写，整整抄写了7个多月，共16本；为了研究13种早期《红楼梦》抄本字句的变化，他用了十几年的时光，把13种《红楼梦》抄本一句一句对照着抄写、排列；为了研究《红楼梦》，他对曹雪芹的生平、家事、祖籍进行了极为深入的研究。他独特的"三到"研究（历史文献典籍到、地下考古发掘文物到、地理实地考察到），使得他厘清了曹雪芹的家谱、身世。

在63年的学术生涯中，冯先生先后出版了《论庚辰本》《红楼梦概论》《〈石头记〉脂本研究》《瓜饭楼重校评批〈红楼梦〉》《敝帚集：冯其庸论红楼梦》《曹雪芹家室新考》《曹学叙论》《增订本曹雪芹家世新考》《曹雪芹家世：红楼梦文物图录》等著作；主编了《红楼梦》新校注本、《脂砚斋重评石头记》、《脂砚斋重评石头记汇校》、《红楼梦大辞典》等重要红学资料。

冯先生虽早已是享誉海内外的学者，但他却喜欢称自己是"瓜饭楼主"。

我因征集和冯先生相识，曾有幸两次去过他的"瓜饭楼"。第一次是 2012 年 2 月 3 日，我陪同馆领导去给先生祝寿，那是我首次走进冯先生家中。

冯先生的家位于通州区张家湾镇，从文学馆开过去路途并不近，一路上车都快开过通州了，窗外也越来越荒凉，我当时不太理解这位红学大师怎么住这么远的地方。这对一位老人来说出门、会友、看病其实都很不方便。因为是第一次来，我们中间开错了两次。最后还是通过先生家人在电话中的指引，我们才终于来到他所住的小院。那是一座从外面看就很精致的院子，院子的四周是白墙。我们到大门口的时候，冯先生的家人已经在那里等着我们了。我抱着鲜花跟着领导走进院子。院子很大，有花木扶疏的园圃、有惊奇的石头，院子中间是一幢精致的中式小楼。院门与小楼之间是一条方砖小路，路两旁栽植着花草树木。我们去的时候正是初冬时节，院中只剩下光秃秃的树木。

我们跟着冯先生家人走进一层的客厅，冯先生坐在椅子上，看得出来他的腿脚不太方便。冯先生招呼我们在他身边坐下，我把文学馆为他祝寿的鲜花送到他面前，他高兴地收下并对我们的到来表示欢迎。我看见冯先生背后的墙上挂着一个小木牌匾，上面有刘海粟先生书写的三个绿色古朴雄浑的大字"瓜饭楼"，我当时觉得这个名字很有意思。冯先生的客厅里有许多摆设，名家字画、菩萨造像、古盘陶罐、动物泥塑、盆景，简直就是个博物馆。

我们坐下后，吴义勤馆长送上了文学馆人对冯先生的生日祝福："冯老，今天是您的生日。我们在这里祝您生日快乐！身体康健！"冯先生笑着说："谢谢你们！还麻烦你们专门跑过来，我这里离城比较远。文学馆这几年我一直有关注，你们办了很多文学活动，很不错。"

"冯老，谢谢您对我们文学馆的支持和关心，我们也希望在可能的情况下，能多征集一些您的资料丰富馆藏。您是红学大家，如果有您的资料入藏，那对于丰富文学馆的红楼梦研究是有很大帮助的。"吴馆长笑着向冯先生发出了征集邀请。

"昨天，听说你们要来，我就给你们准备了一套青岛出版社刚给我出的35卷本文集。"

"太感谢冯老了！谢谢您对我们的支持。"吴馆长从冯先生家人手中接过了一套印刷极为精美的35卷本《冯其庸文集》。

那天因为是冯先生的生日，考虑到来给冯先生祝寿的朋友一定会很多，为了让冯先生多休息，我们不久就起身告辞了。

回馆之后，我在整理、登记冯先生的文集时，发现有11本书的名字中都有"瓜饭楼"，对于频繁出现的"瓜饭楼"三个字，我产生了极大的兴趣。我想知道冯先生为什么给自己住的地方起这么有意思的名字。我通过查阅资料，看到冯先生晚年曾说过："我家穷，小学五年级失学，然后就下田种地、养羊，什么都会。抗战时家里没粮食，就吃自己种的南瓜，南瓜少，一家人不够吃，靠邻居再送点勉强度日。所以我给这栋小房子起名'瓜饭楼'。"在文章《永不忘却的记忆》的开头，冯先生也写道："我家老屋的西墙下，有一片空地，长满了杂草，面积不大，倒有个名字，叫'和尚园'。每到秋天，大人在这里种的南瓜就会丰收，那硕大的金黄色的南瓜，一个个在南瓜叶底下露出来，它就是我们一家秋天的粮食。"看来，冯

127

先生从小对"南瓜"和"用南瓜做的饭"就情有独钟。"瓜饭楼"三字也许代表了先生对自己童年的追忆。

第二次拜访是2014年春节前夕，我陪室领导去冯先生那里拜早年。两年后再去，还是那座院子，还是那个"瓜饭楼"，只是冯先生显得更老了些。我再次走进他的客厅，冯先生还是坐在上次那把椅子上，只是腿上盖着一床厚厚的小被子。那天冯先生精神状态不错，他跟我们聊了许多，我记得他讲了当年在新疆考察时的一些经历。冯先生说："八九十年代我跟随调查队，在当地老乡的带领下在大沙漠里寻找一座古城。沙漠面积太大了，前两次都走错了路，无功而返。第三次终于走了进去。老乡带着锄头，一刨就是一个骷髅，一刨一个骷髅，当年屠城的遗骸，都还在沙漠里头，风吹过后盖了起来，稍微一刨就出来了。还有一次是为了考察，我登上海拔4000多米的帕米尔高原，当时我的年纪已经很大了，同行的年轻人有的出现剧烈的高原反应，眼花气喘，有些撑不住，我则基本如常。"

在冯先生说完后，我说："冯老，我没去过新疆！有机会我一定去看看。我去过敦煌，我喜欢那里的壁画。我对绘画没有什么研究，我也说不出什么原因，当走进莫高窟看见那一幅幅壁画时，我被震撼了。我知道您对敦煌很有研究，有机会我一定要好好读读您在这方面的文章。"

冯先生听后，说："年轻人应该多读读书、多到处看看、多到处走走，外面的世界很大很精彩。"随后他又给我们介绍了客厅中的一些摆设和摆设背后的故事，很精彩。

拜访快结束时，我掏出一个本子，小声地在先生耳边说："冯老，我想请您给我题句话，您喜欢的一句话就可以。我想做个纪念。""好啊！没问题，我想想啊。"先生想了几分钟，提笔给我写下了"读书就是生活。癸巳岁末冯其庸九十又一题"。

冯先生写完后把本子递给我，语重心长地跟我说："年轻人，有时间一定要多读读书，读书对一个人很重要。"

"谢谢冯老，我一定会记住您说的话。"我赶忙问道。

那次见面之后，我就再也没见过冯先生，2017年春节前我本想去给冯先生拜个早年，还想着这次一定要和冯先生好好聊聊武侠大师金庸先生。我是个狂热的"金庸迷"，金庸先生的"飞雪连天射白鹿，笑书神侠倚碧鸳"外加《越女剑》，我全部都看过。其中，《神雕侠侣》《倚天屠龙记》《笑傲江湖》是我的最爱，不知道自己看过多少遍了。我知道冯先生也很喜欢读金庸的武侠小说。他曾说过："我是金庸小说的狂热读者，10多年来，我读金庸小说尽管重复了三四遍，但至今仍如初读时一样热忱。我一边研究《石头记》，一边却酷爱金庸的武侠小说，我曾戏称这叫作'金石姻缘'。""金庸小说的情节结构，是非常具有创造性的，我敢说，在古往今来的小说结构上，金庸达到了登峰造极的境界。"没想到，那年的1月22日，冯先生悄然离开了这个世界。

冯先生走后的这7年，我越来越喜欢读书、爬格子。因为沉醉其中，我能感受到一种实实在在的幸福。我总是梦想着自己能有一天成为一位真正的作家。作家在我心里，是一个非常崇高的职业。因为从事这个职业的人，必须要有悲天悯人之心，有"何畏风波生墨海，敢驱雷霆上毫端"的过人胆识，有书写家国历史的赤子情怀，而我距此还差着十万八千里。我不敢说自己现在的写作就是在写文章，但至少可以说是在努力地爬格子。天道酬勤，我相信自己会慢慢留下一些可能还有点价值的东西给这个世界。

对于爬格子，其实我还是有一点自己的私心。随着年龄的增大，我总在想：有一天，等我老了，走不动了、哪儿也去不了的时候，我也许只能躺在家中的老藤椅上读读书打发我的余生，我希望那时的我可以拿起我过往的诸多文章，将属于我的历史讲给我的后人听，给他们讲那些文中我曾遇见过的真实的人和真实的事。

如果那时我得了老年痴呆，谁也记不起了，我希望自己还能在不经意之间拿起我的那些文章，在阅读中，自己能依稀记起很多年前的自己。我不想自己将整个世界遗忘，我想让文字帮我找寻到曾经的一些过往。没有记忆的人，该是多么的孤独。

也许这就是我一直在努力爬格子的一个缘由吧。

先生，我会记住您的教导，多读书、多走走、多看看。这个世界很大，有太多的精彩等待我去发现。生命很美好，需要我不断去探索。

（中国作家网，2024 年 4 月 15 日）

记"一面之缘"的锺叔河先生

一

近日，我偶然读到一篇题为《锺叔河：我们仍要走向世界——"走向世界丛书"新序》的文章。在文中，锺老写出了这样的思考：

> 走向世界，无论是自己走出去还是让别人走进来（总比让别人杀进来好），无论是主动的还是被动的，从总的历史进程看，用大的历史眼光看，都有利于发展，都是一种进步。……今天的中国已不再是七十年代的中国，虽然仍称发展中国家，经济总量却早已"超英"，正在"赶美"，但走向世界的路还"漫漫其修远"。时至现代，走向世界当然是要走向现代化的世界，也就是要高度现代化，全盘现代化。"四个现代化"的"四个"——工业、农业、国防和科技，已经"化"出了很大的成绩，而我们的管理现代

化，我们的服务现代化，我们的制度现代化……要走的路
的确还很长。

锺老在这里所说的"我们的管理现代化，我们的服务现代化，
我们的制度现代化……要走的路的确还很长"，也许有些人听来有
些刺耳，但这些确实是我们中国现在所要面对的挑战。我没想到这
位已进米寿，本应颐养天年的老人，还在深深地思考着我们这个民
族、这个国家的未来。

这个老人不简单！

我和锺老相识于十多年前，虽只在长沙见过一面，但锺老却留
给我很深的印象。

十多年前，因湖南文艺出版社的杨德豫先生要向中国现代文学
馆捐赠书信，我便前往长沙接收这批资料。在那次征集中，当我向
杨德豫先生询问湖南还有哪些老作家可以拜访时，杨德豫先生热情
地向我推荐了他的好友锺叔河先生。他说锺老是湖南一位极为重要
的老编辑，正因为他的努力与坚持，湖南才在20世纪80年代相继
出版了极具分量的曾国藩和周作人的作品。如果文学馆能征集到他
的手稿、书信、图书，那将会很有意义。

在杨老的热情推荐下，我很快电话联系上锺叔河先生。在电话
中，我代表中国现代文学馆表达了拜访的意愿。钟先生在电话里爽
快地答应了，并邀请我次日到他家中做客。他告诉了我他家的具体
地址。第二天，我按照约定时间，来到锺叔河先生所住的公寓楼。
当电梯到了目标楼层，我出了电梯径直走向对面的住家。我敲了
几下门，并大声地报上自己的名号。很快，门开了，一位长得有些
胖、极有福相、面色红润的老人开门热情地迎接我。

老人握住我的手，中气十足地说道："我是锺叔河，欢迎文学馆
的朋友到寒舍做客。请进，请进。"于是我随锺老走进了他的客厅。

到现在，我对锺老客厅印象最深的就是他有一张很大的书桌，但最有意思的是，在书桌旁居然还有一个专业的美式台球桌，这让我感到十分惊讶。我是第一次也是唯一一次在一个作家家里看到有台球桌。我没想到，这位已是七十多岁的老人居然喜欢打台球。因是第一次拜访，我没好意思跟锺老聊台球。那时的我，也是一个台球爱好者。看见台球桌，手就痒痒。

后来，我看到有的文章说"钟先生常在读书写作之余和自己的老伴朱纯打台球"，厉害！厉害！夫妻二人都是台球高手。

二

锺老引我坐在他书桌对面的椅子上，吩咐保姆给我倒杯茶来。这时，我认真地打量了一下锺老的书桌一角。这里简直就是一个书的世界。书桌旁边东西两面各安置了一排大书架，几乎都是成套的书籍，其中有很多工具书，也有《走向世界丛书》和《周作人散文全集》这样的大部头。书桌后面的墙上还挂着一些名家字画，有沈从文的章草、钱锺书的笺、沈鹏的来函、黄苗子的信札、周作人一幅自作小诗，可见锺老与这些大家关系匪浅。

当锺老坐到书桌旁的椅子上时，我赶紧递上名片并说明来意：

"锺老，您好！今天冒昧地打搅您，很不好意思。我是中国现代文学馆征集室的慕津锋。这次我来长沙是想征集咱们湖南作家的资料。前一阵，杨德豫先生跟我们联系，他想把他的一些书信、手稿捐赠给了我馆。这次来长沙，除了来取杨老先生的资料，文学馆领导还希望能够征集像您这样重要作家的资料。"

锺老接过我的名片，边看边笑着说："谈不上打搅，我只是一个普通的离休老人，每天在家也只是看看书、编编书、见见朋友。中国现代文学馆我知道，你们为收集中国作家资料做了很多努力，成绩斐然。"话头一转,"你这个姓很少见,祖上应该是少数民族吧?"

我一听,便知锺老很熟悉中国的历史,尤其对一些少数民族也很了解。为了拉近与锺老的距离,我"班门弄斧"地在锺老面前介绍了我这个并不多见的姓氏:"是的,锺老。我祖上应该鲜卑族的慕容部落,慕容部落后来建立了一些小国。但这些小国却相继被灭,慕容部落也渐渐凋落。再后来,慕容作为一个姓氏消亡了。现在姓慕、姓容的祖上应该都称慕容。听长辈们讲,我们这一支应该是从云南大理迁到四川的,另外一支后来据说去了山东。"

听到这儿,锺老饶有兴趣地问道:"小慕,你是四川人?"

我点头说:"是呀,我是地道的川娃子,我父母都是四川人,我出生在四川南充市西充县罐垭乡羊角湾村,但不到一岁便跟父母去了天津。虽然我不太会说西充话,但我一直以四川为傲。我们四川可是天府之国,有美食、美景、美酒、美茶。"

锺老此时幽默地补充了一句:"还有美丽的女孩。"

"对,四川女孩很美。锺老,您去过我们四川吧?"

听我这样问,锺老稍微沉默了一下:"我当年差一点就去你们四川工作了,只是后来没有成行。也挺好,我就一直在长沙继续做个小编辑,编编自己喜欢的书。离休了,在家还是继续编自己的书。就这样,一晃自己都七十多岁了。"

当时,锺老并没有跟我讲他为什么会有可能去四川,我也没好意思追问。后来,我看到一篇文章才知道:很多年前,当锺老顶住压力出版曾国藩和周作人的著作后,单位有些人很是反对,他们纷纷向上级告状,说锺叔河不出革命回忆录,反而要花很多钱出封建士大夫、汉奸的作品。迫于当时情况,锺老任职的出版社进行了一次民主选举,一人一票选总编辑,结果锺老落选了。也就是在那时,锺老受到四川有关出版社的邀请,本欲西行,后因故最终未能成行。

听锺老讲自己是"小编辑"，我忙说道："锺老，您太谦虚了。您所编辑的《走向世界丛书》《曾国藩全集》《古典名著普及文库》《周作人散文全集》，那可都是在中国出版界影响至深的作品，影响了一代读书人。尤其在编辑《曾国藩全集》《周作人散文全集》时，您的胆识实在值得钦佩。"

"谈不上什么胆识……做一点自己喜欢的事，为什么不去做呢？……我喜欢周作人和曾国藩的作品，我很想给他们出一套完整的全集。我出书有自己的原则：书是给人阅读的，不是摆着看的；收藏上架只是手段，目的是让更多的人读。如果所做的书只是给人拿到家里去当摆设，我宁可不做。我要做的一定是让人去看的书，这对编辑而言才有意义。"

三

讲到这儿，锺老喝了一口茶，并示意我也喝点。"对了，小慕，我打听一下，周吉宜先生是不是在你们馆里？"

周吉宜即周作人的孙子。我回答道："是呀，周吉宜老师就在我们馆。他在我们馆负责计算机技术，他人很好，您有什么需要我转达给他的吗？"

听我这么一说，锺老很是高兴。

"我想麻烦你回去帮我问一下，不知我前一阵给他写的信他是否收到。我一直在做他祖父的集子，有些文章还需要他们家属能够授权。如果他们能够同意这些文章收在集子里，那会是一件很有意义的事情。我希望自己编的书能尽可能全地收集他祖父的文章。"

"好的，锺老。您放心，我回去后就跟周老师说这件事。我知道我们馆还有一些他祖父的手稿和书信。如您需要，我可以与馆里领导，还有周老师沟通。锺老，您所做的很有意义，您是在为中国现当代文学史留下宝贵的资料。……文学馆自建馆之日起，就一直按照巴金先生所要求的，积极征集中国作家手稿、书信、日记、照片、图书等各种资料，就是希望能为中国文学史留下珍贵的资料。让后世有机会看到中国现当代作家在他们所经历的时代中在想些什么、在做些什么。"

钟老很认真地听我讲，随后点头表示认同："是啊，你们所做的工作很有意义。现在随着电脑的普及，作家大多已经没有什么手稿了。我现在还有一些手稿，但有时我也会借助一下电脑，电脑确实是方便。"

听钟老说他还有一些手稿，我忙趁机再次发出征集邀请："钟老，如有可能，我们文学馆很想征集您的手稿、书信、照片、著作等有关文学资料。我知道您和包括周作人先生在内的很多作家都有来往，如果这些珍贵资料能入藏我馆，我们一定会好好保存、传之后世，并做好相关的研究与出版工作。"

对于我的这种"见缝插针"征集，钟老微笑着说："谢谢你们的厚爱，我的手稿还有与作家的往来书信等资料，我还要继续使用。像我跟周作人先生确实有一些书信往来，老人也曾给我写过一些东西，这些非常珍贵。但我现在还在编辑周老先生的集子，这些东西我还要用。以后如有合适的机会，我会考虑把自己的这些资料放在贵馆。毕竟这些资料我最后也要给它们找一个好的归宿。"

"好的，钟老，此事不急。我很想问您一个问题。您为什么对周作人先生如此有兴趣？"

"这谈起来就很远了，我小时候看过哥哥姐姐们的'复兴初中国文教科书'，当时我就喜欢他写的《故乡的野菜》《金鱼》……有一次，我偶然得到周作人先生的地址，便很想给他写信。有一天晚上，我终于鼓足勇气在暗淡的十五支光电灯下，用红格子'材料纸'给八道湾十一号周作人先生写了一封信。当时我家中已不蓄红纸，为了写这封信，我还特意到小店中买了几张一面粗一面光的极薄而劣的红色横格‘材料纸’，还有一小瓶墨汁和一支二角四分钱的毛笔。

"我没想到这位老人真的会给我回信，还送我一本题赠的书和写在宣纸上的一首诗。这位老人在信中说，没想到我一个三十多岁的人居然能读懂他所写的东西。"

对于锺老所谈的这首诗，我后来在锺老的文章中看到：

> 半生写文字，计数近千万。强半灾梨枣，重叠堆几案。
> 不会诗下酒，岂是文作饭。读书苦积食，聊以代行散。
> 本不薄功利，亦自有誓愿。诚心期法施，一偈或及半。
> 但得有人看，投石非所憾。饲虎恐未能，遇狼亦已惯。
> 出入新潮中，意思终一贯。只恨欠精进，回顾增感叹。

这时，锺老顿了一下，继续讲道："当然，他的历史问题我们不应回避。人归人，文归文。周作人的历史问题不应回避，但他的文章里对中国传统文化和国民性进行反思，对中西和中日文化历史进行比较研究，这是必须肯定的。"

对于锺老所谈的这些，我非常认同："锺老，您所说的‘人归人，文归文’与巴老所说的‘人是人，文是文’非常一致。好的作品不应湮没在历史的尘埃中，周作人有‘落水’的历史，我们在向读者介绍其作品时，也应向他们明确地讲清这一点，不用藏着掖着。"

"是的。其实，我们做编辑的和你们文学馆征集作家资料在某些方面有异曲同工之处，都是为历史保存资料。只有尽可能多地留下文字资料，真实的历史才能更加清晰。后人在看我们的时候，才有可能更加真实。"

"是的，锺老师！你们做编辑的和我们做征集的，其实都是在为中国文学史留下珍贵的资料。锺老师，您能谈谈您跟钱锺书先生是怎样认识的吗？我毕业太晚，没有见过钱老。不过我认识他的夫人杨绛先生。"

"你认识杨绛先生，她最近还好吧？"锺老关切地询问。

"杨先生很好，精神、身体都很棒，我每年都会去看她两到三次。杨先生的生活很规律，她几乎足不出户，每天在家就是做自己的事，读书、写字、养花、练八段锦。"我回答道。

"杨先生和钱先生都是从民国走来的大家，他们的学识极为广博，对我这个晚辈也很是关照。谈起我和钱锺书先生的交往，那还要追溯到 1984 年。80 年代初，我编辑出版了一套《走向世界丛书》。钱先生在北京看到后很感兴趣，他通过我的朋友《读书》杂志社的董秀玉同志联系我，表示有机会想跟我见上一面，一起谈谈。我以前并不认识钱先生，我的这套书能得到他的赏识，我很高兴。

"1984 年 1 月，我趁到北京办事的机会，在董秀玉的陪同下前往三里河拜访钱老。很不巧的是，我那天晕车。我记得：见面时，我将自己新出的几种书送给了钱老和杨绛先生，钱老说了一些鼓励我的话。他认为《走向世界丛书》的《叙论》写得不错，建议我以后可以结集单行，并表示愿为此书作序。我呢，只是一再说希望他们对我的书多提意见，便于我改进。那天我们其实也没谈太多，我便匆匆告辞了。

"当我回到长沙不久，我便收到钱老寄给我的一封'提建议的'信。他很认真地看了我带去的书，并认真地给我提出了意见。这让我非常感动。钱老提的意见很中肯，我照单全收了。后来，钱老真的为我编辑的《〈走向世界丛书〉叙论集》写序文。而这个序文，钱老来来回回改了三次。每改完一稿，他寄来后都要让我提些意见，看是否合适。而每当我回信提出一些个人建议时，他都会虚心倾听，并很快加以修改。钱老的虚心与认真，让我十分佩服。"

说到这里，锺老停顿了一下，他喝了口茶。

后来，我在锺老撰写的《记钱锺书作序——感念钱锺书先生》一文中，看到他对这件事情的回忆。在文中，锺老是这样写的：

> 给我的信一开头就说："承你带病来看我，并给我那些书，十分感谢。你归途未发病否？我很挂念。但有秀玉同志和你在一起，我又放心些。你编的那套书，很表示出你的识见和学力，准会获得读众的称许。因为你一定要我提点意见，我匆匆看了几种，欣赏了你写的各篇序文。……先把见到的零星小节写给你参考。"
>
> 钱先生指出的"零星小节"有四，其实都是重要的批评。第一点讲李圭《环游地球新录》，"在他书的序文里，都或详或略地介绍了作者，在本书里似乎忽视了这点"，并告知李圭的《思痛记》曾为胡适、周作人和日本汉学家所称赞。第二点讲斌椿《乘槎笔记》，说徐继畬"是个主张'走向世界'的大官"，而"你在总序里只字不提徐继畬，此书有徐氏序文，你又放过了机会"。第三点质疑我"删去了《乘槎笔记》里两节，有这种必要么"。第四点指出张德彝《欧美环游记》里译音还原的错误，"Up, up, hurroh"当作"Hip, hip, hooray"；"Holy"当补一句"应指冬青树（holly），张德彝误听误解"。

我没见过钱老，但从锺老的回忆和这封信中，我能真切地感受到这位曾创作出《围城》和《管锥编》的大家拥有着怎样的学识与胸怀。作为早已功成名就的泰斗，却依然拥有这样谦虚的态度，这样的胸怀让我敬佩。

在那次见面中，我和锺老还谈了一些别的话题。但因时间过于久远，我确实不大记得了。我只记得我要离开时，锺老执意要送我到电梯口。在电梯口，锺老再次嘱咐我，回到文学馆如能见到周吉宜先生，还请帮他问一下是否收到他所寄去的信，是否能同意他使用他祖父的一些文章，不管是否能够授权，请我一定代他问候周吉宜先生。

几天后，当我回到北京，我立刻将锺老的问候转达给周吉宜老师，并告知锺老一直在等待他能否授权的回复。周老师说他会和其他家属商量后，尽快回复锺老。

回到办公室，我赶忙打电话给锺老，告知我已将他叮嘱的事及时转达给周作人家属，他答应会尽快答复。锺老在电话里一再对我表示感谢，并热情地邀请我下次如有机会再到长沙时，再来家中做客。我说："好的，锺老。锺老，到时我很想和您打一场台球。"

听到我有这个要求，锺老笑着答应道："没问题，没问题。"

可这之后，我却没有再去过长沙，跟锺老的"台球之约"也一直没有实现。虽未曾再见面，但我知道锺老一直在努力地做着自己喜欢的事，这十几年他的编辑成就非常巨大。

2009年，锺老主持编订的14卷《周作人散文全集》由广西师范大学出版社出版。

2016年底，历经四年努力，锺老主持的岳麓书社《走向世界丛书（续编）》出版工程顺利完成。《走向世界丛书》是锺老20世纪80年代主编出版的一套重要丛书。该丛书记录了100多年前的中国人从认识世界到走向世界的历程，反映了19世纪中国由闭关自守到逐步开放的历史。锺老原拟推出100种，但在推出35种后，由于一些原因，后65种一直未能完成。时隔30年，浩大的"续编"工程仍由锺老担任主编。34年后，35种加65种，共达1000余万字的《走向世界丛书》100种终于出版。

2019年7月，锺老全新编订的《周作人作品集》（《欧洲文学史》《自己的园地》《陀螺》《雨天的书》《冥土旅行》《泽泻集》《谈龙集》《谈虎集》《永日集》《过去的生命》《艺术与生活》《儿童文学小论》《中国新文学的源流》《看云集》《夜读抄》《苦茶随笔》《苦竹杂记》《风雨谈》《瓜豆集》《秉烛谈》，共 20 种）由岳麓书社出版。该套作品集包括了周作人的散文、杂文、诗歌、译著、学术著作等各类经典，锺老是在 30 年前岳麓版的基础上进行了一次全新修订。

看着这 10 多年锺老所编订的皇皇巨著，我从内心钦佩这位老人。虽然常有人说他是中国出版界的"堂吉诃德"，但这个有梦想的"堂吉诃德"，却在用自己的实际行动为中国的文学出版做出了属于他的贡献。

锺老值得我们尊敬，他以自己独有的学者素养、编辑眼光，在历史与文学的故纸堆中翻检、辑录、核查、校注，为我们这个国家、这个民族留下了一段段历史与文字的真实记录。

现在我很少出差了，能见锺老的机会更是少之又少。如果以后还能有机会再见到这位老人，我真的很想跟他打一场台球，践行我们 10 多年前的那个约定。

（《各界》2020 年第 2 期）

我眼中的文学理论大家严家炎先生

2022 年 11 月 14 日，我国著名文学理论家、北大教授严家炎先生将迎来自己的第 89 个生日。按照中国人的说法，男性长者过九不过十，八十九岁即为"九十大寿"。

我因征集与严先生相识，先生一直大力支持中国现代文学馆的征集工作，他先后两次将自己的珍贵藏书、手稿、书信等资料捐赠给中国现代文学馆。今特以此文恭祝严先生生日快乐！

一

2021 年 10 月 16 日上午，由中国现代文学馆与北京大学中文系、新星出版社共同举办的"严家炎学术思想暨中国现当代文学学科建设研讨会"在北京大学人文学苑举行。这是一场向严家炎先生致敬的会议。严先生在北大教书育人、在中国现当代文学辛勤耕耘都超过了一个甲子，他为北大中文系和中国现当代文学学科的建设与发展做出了极为重要的贡献，并且桃李满天下，培育了大量人才。

先生晚年经过认真考虑，将自己收藏的珍贵文学档案资料全部捐赠给了中国现代文学馆，此举更是让人敬佩。

作为这次会议的会务人员，我一早便赶到会场。因当天上午有一个捐赠仪式，严先生将向中国现代文学馆正式捐赠他的手稿、书信、藏书等文学资料，中国现代文学馆馆长李敬泽先生接受捐赠并向严先生颁发入藏证书，回赠捐赠礼品。

9点半左右，严先生在夫人的陪同下走进会场。会场上嘉宾全部起立迎接他的到来，严先生频频与朋友们挥手致意。我有两个多月没看见严先生了，他精神状态很不错。

上午的开幕式，先生都安静地坐在座位上，认真地倾听着嘉宾们的发言。由于身体原因，严先生的发言由夫人卢晓蓉女士代劳。严先生的发言稿讲道：

> 1956 年国家发出向科学进军的号召，北京大学以同等学历（力）接纳我读中文系副博士研究生。60 多年来，无论是教学还是学术研究，我所取得的每一点进步、每一个成果，都与北大和中文系宽松的人文环境、浓厚的学术氛围密不可分。
>
> 时代催生了文学的现代性，历史悠久、传统深厚的中国文学到晚清时期发生了前所未有的重大转折，开始与西方文学、西方文化相互碰撞交汇，使五四文学革命兴起达到高潮，从此中国文学进入一个明显区别于古代文学的崭新阶段。我有幸在新文化运动摇篮的北大成为中国文学新阶段的见证者和探索者。
>
> 天津出版社刚出版的《全集》是我在北大学习、工作和成长的结晶，也是我对中国文学现代化进程的探索与思考的记录。既为全集，也就意味着它也进入历史了。中国

现当代文学研究还要做哪些开拓、扩展，这是新一代研究者所要面对的问题。

严家炎先生同时提出了几点期望：

第一，现当代文学无论从深度、广度和时间的跨度上看，都有很广阔的空间，值得我们去发掘、探索、梳理和研究，而由现当代文学研究几代学人共同传承的认真严谨、实事求是的科学精神是不可或缺的。

第二，互联网和人工智能的发展带来了各种信息的广泛交流。虽然会对阅读原著和材料产生一些不良影响，但同时也能使我们更快捷、更全面地获取原始资料，我们可以扬长避短，推动现当代文学研究进一步发展创新。

第三，文学是人学的理念，尚待深入人心。一些作家和作品的研究有待更新鲜和深入的解读。文学史研究的历史原则和美学原则应该并重。这都是值得我们重视和警惕的问题。

严先生的发言言简意赅，首先他回顾了自己在北大的求学生涯，指出北大及中文系宽松的人文环境和浓厚的学术氛围对他的学术研究产生了积极影响，激励他在中国现当代文学上不断探索。其后，他讲述了中国现当代文学的发展历程。最后，他对当代文学研究者提出了三点希望。当卢老师读完致辞后，全场报以长时间的热烈掌声。严先生手持话筒，对这次会议的召开及嘉宾们的到来表达了深深的谢意。

开幕式结束后，严先生便准备坐车离开。陪着严先生和卢老师在门口等车时，我告诉严先生，他捐赠的资料我们正在整理中，很快便会全部登记入册。等收据做好后，我会亲自送到恭和苑。严先生听后，微笑着说着"麻烦你们了"并拱手表示感谢。我俯下身握着严先生的手说："严老师，我们文学馆要谢谢您的大力支持与信任。请您放心，我们一定会整理好、保护好、利用好、展示好您的这些珍贵资料。您多保重身体！有什么需要我做的，就告诉我。"

当我将严先生送上车后，卢老师特意摇下车窗，严先生向我挥手告别。

二

开会前的很长一段时间，我一直在单位忙着整理严先生今年5月捐赠我馆的珍贵书信。这批书信陪伴了严先生几十年，严先生对它们十分珍视，他一直小心翼翼地保存着。即使这批书信曾遭受过"雨水劫难"（2014年，严先生偕夫人卢老师前往加拿大探亲，一直保存在地下库房的书信在夏季遭受了一场特大暴雨侵袭。雨水冲进了地下库房，浸泡了放在低处的书信。由于浸泡时间长，包在一起的书信墨水互相浸染，导致了很严重的破坏。当先生一年后回到北京看到此景时，心痛不已。这些书信经风干，早已凝固成坨，粘连十分严重），已面目全非，先生也不忍丢弃。今年，在与卢老师商议后，严先生终于决定将它们交由中国现代文学馆保管，并希望文学馆能尽最大可能地"抢救"它们。回馆后，我利用一周的时间，将这批凝固粘连的书信进行拆分。经过几个月的整理，目前来看，书信中大部分保存尚好，字迹依旧清晰可见。我本想忙过这一段，下次前往恭和苑拜访先生时，将这个好消息告诉他们夫妇。7月11日，我突然收到卢老师的微信："小慕先生：我最近清理从蓝旗营带来的剩余物品，发现了一封金庸先生2006年9月写给严先生的信及与此信相关的几个附件，征得严先生同意，我都快递给您吧。请告地址电话，谢谢啦！"

看到此消息，我兴奋不已。金庸先生在整个华人世界及武侠小

说界占据着极为重要的地位。作为一名武侠迷，金庸先生也是我
非常喜欢与敬重的小说大师。5月，当卢老师将近千封书信交给我
时，也曾说这里可能会有金庸致严先生的书信，但需要我们细致地
发掘。可当全部整理完毕时，我也只发现了一个金庸先生书写的
信封。看完消息后，我立刻回复卢老师："卢老师，您好！我这两天
抽空去您那里取，可以吗？这么珍贵，我亲自来拿。"卢老师高兴
地接受了我这个建议，"太好了，我也担心万一弄丢了很可惜。"我
和卢老师约定 7 月 14 日下午 3 点见。那天下午我到恭和苑有些早，
便在一层会客室休息了一会儿。不久，严先生和卢老师便来到会客
室，我赶忙起身相迎，"严先生、卢老师，你们好！今天我又来打
搅你们了。""小慕，你好啊！我们又见面了。"严先生笑着握着我
的手，气色非常好，脸色也很红润。我扶着严先生坐下，他示意我
坐在他的对面。当我坐下后，卢老师拿出一个塑料袋，从里面小心
地取出一沓纸放在我的面前，当我翻到一封原信时，卢老师告诉我
这是金庸先生 2006 年写给严先生的信。因严先生与金庸时常有机
会见面，所以他们之间往来的书信并不多。我也谈到在整理严先生
书信时，只发现了一个金庸先生写的信封，信却不知所踪。卢老师
想了想，说可能信还在一个出版社手中，也不知还能不能要回来。
如果是这样，那这封书信便非常珍贵了。我拿起这封书信，认真地
读了起来。

家严先生尊鉴：

陈墨先生所撰《金庸的小说世界》一文，谬赞殊甚，
愧不敢当。其中少数因事实略有出入，谨修正奉上，请费
神代转陈先生，所改者均无关宏旨，不改亦可。诸承费心，
至以为感。

你我相交日久，弟长期来认兄及冯其庸先生为师友之

间，而主要系师，恨不能来北大列先生门墙也，今后通函，盼以平辈相称，先生或较年长，当为兄长也。另函致王国宾先生，请费神转致。日后来京，当造门奉访，一晤兄嫂，专此，即请

大安

弟良镛谨上

九．廿八．

我第一次听到严先生与金庸先生有书信往来还是2020年初。在那次拜访中，先生痛心地谈到自己曾有一批书信被雨水毁掉。其中，金庸先生写给严先生的书信都在那一包书信中。当我听到这个情况，作为一个征集人，我为这批珍贵资料的消逝感到心痛。要知道，金庸先生与严先生的通信本身就是极为珍贵的文学史料。两位大家之间的书信很有可能谈到一些极有意思的人或事，或是对某些作品的探讨。作为第一手资料，这些书信对于研究金庸先生的作品极为珍贵。

现在看来，可能是严先生记忆有些偏差。那批书信绝大部分"劫后余生"，品相不是太差，依旧可以辨析。而金庸先生的信，均已保留下来，只是另一封可能在别处保管。这已是非常幸运的事。

金庸先生的笔迹很有特色，自成一体。看完后，严先生给我讲述了这封信背后的故事。在交谈中，我和严先生又谈到了武侠与金庸。我说有一次我陪朋友来访时，严先生在回答金庸武侠小说为什么会让自己喜欢时，严先生谈到了一个词：真诚。这让我印象极为深刻，也让我品味了很久。"真诚"是一个作家对待自己文学创作的最基本的态度，如果缺失了这个，很难写出好的作品来。即使偶有成功之作，也必将不会长久，最终会被历史和读者所抛弃。我对先生说，这个词将是我今后写作的座右铭，我会谨记于心。

147

时间在交谈中飞快地流逝，一转眼一个半小时过去了，我知道严先生一会儿还要参加这里合唱团的活动，虽感觉谈得还不尽兴，但也不敢过多打扰。我和严先生约定下次我早点来，早点聊。严先生和卢老师笑着同意此建议。严先生送我到会客室门口时，我向严先生提了一个小小"请求"——能否与他合个影？严先生痛快地说："没问题。你看我们站在哪里照合适？"卢老师建议我们就站在门口照。

当我走出恭和苑，即将上车时，我看见严老师依旧站在门口向我挥手告别，并大声地跟我说："小慕，再见！"我赶忙转过身向严先生挥手致意，"严老师，我过一阵再来看您！天气热，您回去吧！"严先生听后点了点头，却还是站在门口目送着我离开。严先生待人的这份真诚让我这位晚辈十分感动。

昨天，我偶然读到一篇严先生的文章。在文中，严先生在谈自己的治学追求时，说了这样一段话：

> 治学与人生是有联系的，不但治学的终极目标应该有益于人生，而且治学态度也是人生态度的一种表现。两者具有共性。无论为学或做人，都需要有一点"傻子"精神，即不计利害，脚踏实地，坚守良知，只讲真话，吃得了苦，经得起挫折，耐得住寂寞，必要时还得勇于承担，甘愿付出更大的代价。太"聪明"、太势利了，就做不好学问，也做不好人。

这段话让我感触很深，我是一个做文献征集的人，自己工作之余非常喜欢做馆藏史料研究。这两个工作，都需要从业者"脚踏实地"，要"吃得了苦"，要"经得起挫折，耐得住寂寞"。否则，注定一事无成。

三

我和严先生认识有十多年，但很多时候因为见面时间都不长，我很难有机会面对面与严先生深入交谈。但2020年初，我终于有了这样一次机会，能与严先生畅谈。一转眼，一年半多的时光匆匆而过。那次见面的情形，仿佛就在昨天，我至今想起依旧历历在目。

2020年北京第一场雪让城市的空气格外清新，又有些寒冷。1月6日上午，我与办公室的汪静茹代表中国现代文学馆前往位于北四环外的蓝旗营小区，拜访严先生。前一天，我便和卢晓蓉老师联系好了。

当我敲了几下门并大声报上名号后，卢老师热情地开门迎接我。记得上次见到卢老师还是半年前，当时她和严先生来文学馆参加一个文学活动。卢老师一见到我，就笑着跟我说："小慕，我前一阵在看凤凰卫视播放的纪念金庸先生去世一周年纪录片时，见到你在片子中侃侃而谈的风采，在所有的嘉宾中可能你是最年轻的。年轻人，大有可为呀！"

听卢老师这么夸我，我还真有些不好意思："卢老师，您太过奖了！我都不知自己讲了些什么。跟严教授这样的大学问家比，我这个小学生简直是班门弄斧。只是希望自己能为纪念金庸先生做点事情，他在我们心中是一座丰碑。"

在卢老师的带领下，我们边说边走进客厅。这是我第一次到严先生位于蓝旗营的家中。客厅布置得非常简洁：一排书柜、一个沙发、一个茶几、一个餐桌。一个大教授，家中竟如此简朴，只有书香。也许对于做学问的人而言，只要有书就是最幸福的事了，夫复何求？

当听到客厅的谈话声，严先生快步从书房走出来。看到我，严先生微笑着伸手致意："小慕，你来了。我一直在等你。"我赶忙快步走上前，握住他的手，向他送上我的新年祝福："严老师，您好！今天我来是专门代表文学馆馆长和全体同仁祝您和卢老师新年快乐！万事如意！我们希望在新的一年，您能继续支持我们文学馆的工作，并多提宝贵意见！"

严先生的手握上去很有劲也很暖和，精神状态看上去也非常好。当我说完祝福，严先生笑着说："你们真是太客气了，这么冷的天，还要麻烦你们过来。非常感谢！你们的工作很好，每年都举办很多有意义的文学活动，为中国留下了很多宝贵资料。真的很不错。"

看着我和先生一直站着说话，卢老师忙叫我们坐下来聊，并吩咐阿姨把早已准备好的水果端上来。严先生示意我坐在沙发上，他则坐在我对面的一把小藤椅上，卢老师为我们沏了一杯上好的西湖龙井。很快，屋中便洋溢着淡淡的茶香。我和严先生、卢老师边喝茶，边摆起龙门阵。

"严老师，前不久作家出版社刚刚出版了一本您主编的《金庸纪念集》，里面收录了许多老友怀念金庸先生的文章。我刚刚看完这本书。书中有不少第一次披露的金庸先生的照片和书法，对于金庸迷来说，这是一本难得的珍贵资料。"

听我讲完，先生有些惊讶地问："书出版了吗？我到现在还没看到。也许，出版社把书寄到北大中文系了，系里还没转给我。"

我没想到先生还没看到该书，看来我是先睹为快了。在谈及此书时，我也与先生聊到自己对金庸及其武侠小说的推崇。

"严老师，很可惜，我没有见过金庸先生。但我非常同意您的观点，我也认为金庸的武侠小说不能简单地归为通俗武侠小说。我们这一代'70后'，在成长中，深受金庸武侠小说的影响。金庸先生的'飞雪连天射白鹿，笑书神侠倚碧鸳'部部都是经典。我们那时候男生都是互相借着传看，因为借书的人太多，大家借到后都要夜以继日地读。我们差不多都是上课偷着看，去厕所蹲着看，在被窝躲着看。我们这一代所受的中国儒家'仁义礼智信'，以及对国家要忠、对父母要孝、对朋友要义，大多源于金庸武侠小说的影响。金庸先生通过他塑造的人物形象、描述的纷扰复杂的江湖，向我们讲述着他所要表达的中华民族一直传承的中国精神。而恰恰是这种精神，直到现在还在支撑着我们这个民族、这个国家傲然地屹立在世界。这种异于其他民族的独特的民族精神，其实与我们现在所讲的文化自信有着异曲同工之妙。我想这也是为什么当金庸先生去世的当晚，整个华人世界、所有人的朋友圈都在哀悼这位老人。因为他的作品影响太大了，凡有华人的地方，一定有金庸的武侠。

"他是一个时代的记忆，一个民族的象征，一个文化的标志。虽然现在早已不是武侠的时代，但武侠的精神一直深深植根于我们这个民族的骨髓中。"

也不知为什么一谈到金庸先生，自己便如此激动，一讲便有些刹不住。还好，先生静静地听我"班门弄斧"，有时还轻轻地点头表示赞同。

严先生在 20 世纪 90 年代就为新派武侠小说发声，为金庸先生正名。直到今天，先生都认为金庸的武侠小说充满了"神奇的想象力，丰富生动的情节，多姿多彩的人物形象"。他认为金庸小说能够让人拿起来就放不下，甚至令人废寝忘食，靠的就是"艺术想象的大胆、丰富而又合理，情节组织的紧凑、曲折而又严密。在叙事艺术方面，金庸将大仲马式西方小说开门见山地切入情节以及倒叙、插叙、闪回、推理的手法，戏剧中'三一律'式的严整结构，电影中镜头推移、组接的方法，与中国传统小说讲究伏笔、悬念、转折、一张一弛的节奏起伏等技巧融合在一起，中西合璧而又浑然一体，兼有多方面的妙处，这就使他的情节艺术具有极其大的魅力"。

听我谈完金庸先生，严先生轻轻地说了一句："我相信，随着时间的推移，金庸武侠小说的价值和意义会被中国当代文学史认可。他是一位极具才华的小说家。"我非常认同严先生对金庸先生的这个判断。

后来，我又与严先生谈到成都的马识途马老。严先生问我："马老最近还好吗？这位老大哥，真不简单。说起和马老的交往，我记得有一次马老还问我：咱们是怎么认识的？我当时真是没想起我们到底是在哪一年认识的，是怎么认识的。后来，我想起我们第一次见面好像是在一个叫吕德申的朋友家里。"

我答道："马老很好，每天在家早晨起床先打一套自创的健身操，然后去食堂吃早饭，回到家不是写写字，就是看看平板电脑了解天下大事，要么就是接受采访，或者继续自己的创作。马老真是太勤奋了，都已经 106 岁了，今年预计还要再出两本书。现在马老每天还在抽空研究甲骨文和金文，马老希望自己有生之年能写出一本有关中国文字的书，这位老爷子真是活到老，学到老，写到老，实在让人佩服。

"每每我写累了，想休息休息、放松放松的时候，一想到这位 106 岁的老人每天还在勤奋地学习和创作，我就不敢有丝毫的懈怠。马老身上总有一种永不服输、永不懈怠的革命斗争精神。"

作为马老的好友，严先生对于马老很是赞赏："这位老大哥真的是不简单。他已经是著作等身，早该颐养天年，却还在不断地思索，不断地创作。这一点就值得我们学习。"

后来，我们又谈到史料研究的话题。谈到这个话题，严先生突然很认真地问我："小慕，现在到文学馆研究馆藏的人多吗？这些捐赠资料平常你们是怎么使用的？"

作为国内知名学者，严先生 2014 年就把自己珍藏了几十年的近万册珍贵书刊、资料全部捐赠我馆。记得当时我去严先生位于朝阳区东坝家中整理书刊时，严先生就提出：希望他这批资料在进入

受泽集

我遇见的那些时代名家

152

文学馆后，有机会让更多的人能看、能读、能借、能研究，他希望他的藏书能在文学馆发挥它们的最大价值，而不是从作家的书房进入库房，束之高阁。对于所捐赠的藏书，严先生曾说："我的藏书文史兼顾、古今兼顾、中外兼顾。有大量历史方面的书，各种版本的文学史都有；作品方面从《史记》开始，有大量不同版本的戏曲、小说；外国藏书方面，英、法、德和俄罗斯等国家重要作家的代表作品也都有。可能中国现代文学馆的藏书以现当代的为主，我想我的藏书可以部分弥补文学馆藏书的不足。"

这些资料的捐赠寄托了严先生对中国现当代文学研究的期许和嘱托，也表明了他对中国现代文学馆的信任与支持。为此，文学馆特别设立了"严家炎文库"。对于文学馆人而言，我们不仅要藏好这批资料，更要利用好、研究好这些资料。

对于严老的提问，我简明扼要地将文学馆对文物资料的使用做了说明。

"严老师，我们馆一直对馆藏资料的研究十分重视。我们馆专门有一个馆藏研究小组，目的就是研究馆藏。建馆35年，我们现在已有70多万件藏品，这都是像您这样的作家或作家家属无偿捐赠而来。为了让这些资料'活起来'，除了加强保管，我们还加快了资料的数字化工作。我们收藏的这些资料，面向世界所有华文研究者。具体到书刊使用，我们只要求他们提供单位介绍信和身份证明，提出借阅书目清单，只要不是敏感性书刊，我们一般都会免费供他们使用。对于手稿、书信、日记等馆藏资料，如果有作家或家属授权，我们也都全力配合他们的研究。您捐赠的书刊，学者专家们都在使用。我前一阵研究老作家师陀，还从库里借了您的书来看，真是受益良多。我们馆现在对于馆藏研究是非常重视的。

"严老师，最近我一直在做有关师陀的研究。2017年，我发现4章师陀残稿，根据查阅资料和自己的研究，这4章残稿应是1940

年师陀在香港《大公报》发表的 7 章《争斗》和在上海发表的 2 章《无题》剩余部分，根据内容比对和师陀资料查询，这 4 章应在当时就已创作完成。不知什么原因，这 4 章从未出现过。而且，师陀晚年自己也认为这部作品当年没有创作完成，是一部未完稿。师陀研究界也都认为《争斗》是一部残稿……2019 年，我在库房整理师陀资料时，又偶然发现《争斗》的另一章手稿。这章的出现，加之 2017 年另外 4 章的发掘，《争斗》将是一部完整的小说。"

严先生边听边点头表示赞许，并告诉我："这个发现很重要，分析也有理有据。"严先生鼓励我继续坚持下去，文学史料的研究其实非常重要。

2021 年 5 月中旬，严先生联系我，说要将自己珍藏的 1200 多册书刊及上千封书信、上百部手稿全部捐赠给文学馆。这些资料都是极为珍贵的文学史料。文学馆非常感谢严先生对我们的信任与支持。

我知道自文学馆 1985 年成立，严先生便对文学馆各项工作大力支持，除这两次身体力行地捐赠自己的文学资料外，他还积极推动文学馆重要刊物《中国现代文学研究丛刊》（以下简称《丛刊》）的发展。自 1979 年《丛刊》创办，严先生便是编委会成员。1979—1984 年，严先生曾担任《丛刊》副主编。《丛刊》创刊初期，先生为这本刊物付出了许多心血。在刊物资金最为紧张的时期，先生还慷慨解囊并四处寻找资金以维持这本学术刊物的生存。40 多年来，他对《丛刊》的学术发展、史料研究、机构建设及刊物制度等都提出了很多真知灼见。正是在严先生等前辈带领下，《丛刊》现在获得了学者、专家及读者的一致好评，学界认为《丛刊》是"学者办刊但不学究化，追求学理但不浮泛化"。

四

2021 年 8 月底，我收到先生托新星出版社寄来的十卷本《严家炎全集》（第一卷《考辨集》，第二卷《知春集》，第三卷《求实集》，第四卷《中国现代小说流派史》，第五卷《论鲁迅的复调小说》，第六卷《金庸小说论稿》，第七卷《问学集》，第八卷《朝闻集》，第九卷《随笔集》和第十卷《对话集》）。这套全集汇聚了先生有代表性的文学史研究文章与著作，可以说是他一生学术思想精华的汇总。我用了一个月的时间拜读了先生的大作。该全集所选文章不仅与先生的教学相关，也与他的文学史研究和文学批评话题有关，比如关于五四文学革命的性质、由长篇小说《创业史》引发的如何写好"中间人物"的论辩、发掘和梳理现代文学史上各流派的贡献，还有对鲁迅复调小说的发现和评论、对姚雪垠长篇历史小说《李自成》的评价、对以金庸为代表的武侠小说的肯定和研究，以及对文学史分期的思考和讨论，等等。

在中国现代文学的研究领域，严先生有着重要影响。他与唐弢合作编写的《中国现代文学史》《中国现代文学史教学大纲》《中国现代文学史简编》等，曾被中国各大高校作为核心教材广泛、长期采用。作为文学史家，他被业界公认为现代文学研究者中的第二代领军人物。

对于中国现代文学学科建设，严先生同样有着卓越贡献。

在中国现代文学史的研究方面，严先生认为研究要从可疑之处入手，要在阅读中抓住自己发现的一些可疑之处，尽可能充分占有相关材料，深入开掘，凭原始材料立论，最终获得成果。早在 1958 年，当年青的严家炎在北大对 1916 年酝酿、1917 年兴起的文学革命是不是"新民主主义性质"的运动，是否应该划入"中国社会主义现实主义的萌芽时期"产生疑惑时,他连续 20 多天到北大图书馆去查阅 1915 年到 1920 年间的《新青年》。通过大量阅读第一手材料,严先生确信:1918 年以前,无论是李大钊还是陈独秀,都还只是激进的民主派,并未接受马克思主义。后根据自己发现的资料,他撰写了《五四文学革命的性质问题》。该文材料充实,分析细密,相当有说服力。那时在指导北大本科生编写现代史时,严先生依旧这样严格要求他们。2001 年,洪子诚教授在《"严"上还要加"严"》一文中,就曾回忆道:

> 记得第一次见他的面,是 1958 年读大二的时候……有一天,他把我叫到中文系资料室,批评我写的郁达夫、叶圣陶两节的初稿,材料看得不够,不少评述缺乏根据。我当时虽然没有说话,却颇不服气,忿忿然地想,都什么时候了,还"材料"、"根据"什么的。

严先生一直认为,中国现代文学史的研究要尊重事实,要从历史实际出发。在《从历史实际出发,还事物本来面目》一文中,严先生提出"文学史为无产阶级利益服务,只能建立在真实地写出历史事实、历史真相的基础上,离开了真实,历史就不成其为科学,就不能为无产阶级利益服务,而可能被资产阶级野心家所利用,就会产生历史及科学本身的信用危机""文学史写错了,它在社会上、在整个意识形态领域中会引起一系列可能是相当严重的后果"。正是基于这样的历史责任感,先生认为只有真正实事求是,现代文学史也才可能成为一门真正的科学。只有从历史实际出发,弄清基本史实,把认识统一到作品和史料的基础上,这样总结出来的经验和规律,才比较牢靠、比较扎实,也才有助于较好地转变学风。这是严先生几十年来一以贯之的学术研究思想与作风,它深刻影响着中国现代文学研究的群体，严先生是这一传统矢志不渝的坚守者。

正是在考察大量第一手资料的基础上，严先生总结出中国现代文学史上的小说家群落，并出版了他的重要著作《中国现代小说流派史》。该书首次发掘了新感觉派、社会剖析派、七月派、后期浪漫派等小说流派，开创了新时期以来中国现代小说流派史研究的新格局，对后来相关流派的研究起到了极大推动作用。

对于20世纪中国文学，先生认为它的一个根本特征就是多元并存，谁也统一不了谁。要想让中国现代文学史真正回到文学自身的历史上来，就必须建立中国现代文学的多元共生体系。为此，他提出了：

第一，严肃文学与通俗文学要共生。早在20世纪80年代，严先生便主张中国现代文学史应关注鸳鸯蝴蝶派，他首次将张恨水写入文学史教材。90年代，他更是提出像金庸这样杰出的武侠小说家也应入文学史，他首先在北大开辟了"金庸小说研究课程"。

第二，占主流地位的白话文学与不占主流地位的古体诗文要共生。严先生认为，从清末民初直到现在，古体诗文的创作一直存在。鲁迅、郁达夫、聂绀弩等人都曾写过古体诗。文言散文和文言小说直到现在，都有人在创作。"文言"仍然存在，我们的文学史必须承认它的客观存在。

第三，汉语写成的文学与非汉语写成的文学要共生。中国是一个多民族国家，汉语言是我们这个多民族国家的主要文学语言，但汉语之外中国作家同样有用少数民族语言和外文写成的文学作品。如蒙古族诗人纳·赛音朝克图用蒙古文写成的诗集《知己的心》、维吾尔族诗人黎·穆塔力甫用维吾尔文写成的诗歌《给岁月的答复》、陈季同用法文写成的中篇小说《黄衫客传奇》、杨逵用日文创作的《送报夫》、林语堂用英文创作的《京华烟云》，等等。这些文学作品同样在中外读者中产生过影响，我们也要加以关注与研究。

对于文学批评，严先生提出了"异元批评"或"跨元批评"理论。所谓"异元批评"或"跨元批评"，就是在不同质、不同"元"的文学作品之间，硬要用某"元"做固定不变的标准去评判，从而否定一批可能相当出色的作品的存在价值。比如用现实主义标准衡量现代主义、浪漫主义作品，用浪漫主义标准去衡量现实主义作品或现代主义作品等。但是文学艺术最容不得刻板简单和整齐划一。严先生认为，我们的文艺批评常常走入误区，这就需要文艺批评者在自由阅读基础上，设身处地想一想——尤其在涉及那些与批评者主观爱好不相同的创作方法、不相同的创作流派时，为避免被狭隘的审美见解所牵引，批评者适用的标准要适当：起码应该宽容到适应多元批评的程度，尽可能做到公平适当。

读完全集，我对严先生严谨的治学精神更是钦佩至极。感谢严先生对我这位小友的关爱！

现在我有时会去恭和苑拜访严先生，听他讲他的老友金庸，听他谈文学史料应该如何研究，听他畅谈属于他的那些文学记忆。

谨以此文恭祝严先生九十大寿！祝先生身体安康！万事如意！

（中国作家网，2023 年 11 月 13 日）

忆流沙河先生

2021 年 11 月是我国当代著名诗人流沙河先生诞辰 90 周年，先生本名余勋坦，"流沙河"是他的笔名。只是后来笔名太过响亮，导致没有多少人知道他的本名。对于自己的笔名，先生曾有过解释：

> "流沙河"中的"流沙"二字，取自《尚书·禹贡》之"东至于海，西至于流沙"。因为中国人的名字习惯用三个字，所以我就把"河"字补上，这样念起来也顺口。

1948 年，17 岁的流沙河开始发表作品，他先后著有诗集《农村夜曲》《告别火星》《流沙河诗集》《游踪》《故园别》《独唱》，短篇小说集《窗》等，诗论《台湾诗人十二家》《隔海说诗》《写诗十二课》《十二象》《余光中 100 首》《流沙河诗话》等，散文《锯齿啮痕录》《南窗笑笑录》《流沙河随笔》《流沙河短文》《书鱼知小》《流沙河近作》等。其中，诗作《就是那一只蟋蟀》和《理想》曾被中学语文课本收录。

在先生众多诗作中，我非常喜欢他在《老成都·芙蓉秋梦》中的这几句。每每读到，心中常有深深的感动。也许是因为自己已年届不惑，也许是因为成都留给自己的印记太过深刻。

早上开花，晚上凋落
这也让我想到我自己的生命
有时候梦醒，还以为自己在少年
人生短似梦，更好像芙蓉花早开夕败
我在成都的生活，好像也是一场芙蓉秋梦

我因征集和流沙河先生相识。在 18 年的征集生涯中，我与先生在成都只有两次简短的见面。第一次的拜访，我印象已经完全模糊，只记得好像是在他的旧居见过面。第二次见面，大概是 9 年前的一个冬天，我去成都拜访四川著名民俗老专家车辐先生。当车辐先生告诉我流沙河先生也搬到这个新小区时，我提出很想再去拜访这位老人的意愿。在车辐先生的引荐下，我得以顺利前往流沙河先生新居。

当我走进流沙河先生的新居时，先生穿着厚厚的衣服已在客厅的椅子上等我。成都的冬天很是阴冷，屋中一般没有暖气。我快步走上前，与先生握手并自报了家门。先生看上去依旧那般清瘦，他的下巴还是那样尖。可能是因为正在感冒，先生说话嗓子有些沙哑和无力。但先生似乎对我还有一点印象，记得我曾经去过他的旧宅。

当我坐下后，我向先生表明了此次来意：还是希望能征集他的手稿、书信、著作等珍贵资料，以丰富中国现代文学馆的馆藏，为中国现当代文学史留下一些东西。先生静静地听我讲完后，轻声地跟我说：

我不是什么著名作家，我的东西也没有什么价值，只是有的朋友喜欢罢了。我不留什么手稿、书信，写完我一般就寄出去给报纸或是期刊或是朋友，我自己几乎不留。以前有的也大都丢掉了，可能没有办法给你这些手稿、书信。如果以后有新书出版的话，我倒是可以给你们几本。这次你要空手而归了。最近我身体不大好，说话久了，就不舒服。不能留你太久，不好意思。

我听得出先生的意思。做征集就是这样，一定要"你情我愿"才能达成共识，对作家不能有一丝的勉强。我心中虽有些许挫败感，但我觉得先生能让我来家中坐坐，已然是一份不小的收获。

在我交往的众多作家中，流沙河先生是一个极具个性也确实是"不那么好打交道"的作家。往往可能你刚开始说并打算继续说下去的时候，他就会直白地告诉你他的真实想法。但还好，沙河先生还是会照顾我的情绪，与我礼貌地交流上几句。

与黄裳老师相比，流沙河先生已然算健谈的了。我知道谈话很难再继续下去，便微笑地起身向先生表达敬意，并祝他早日康复。先生礼貌地起身表示谢意。

当我走下楼时，心中有一种"乘兴而去，败兴而归"的感觉。之后，我没有再去打扰过先生。

但有时我也会去读一些他的作品，通过阅读，我似乎对他有了一些了解。对他的冷峻，也似乎有了一些理解。

我记得我曾读过流沙河先生写的一首诗《理想》：

理想是石，敲出星星之火
理想是火，点燃熄灭的灯
理想是灯，照亮夜行的路

理想是路，引你走到黎明

饥寒的年代里，理想是温饱

温饱的年代里，理想是文明

离乱的年代里，理想是安定

安定的年代里，理想是繁荣

理想如珍珠，一颗缀连着一颗

贯古今，串未来，莹莹光无尽

美丽的珍珠链，历史的脊梁骨

古照今，今照来，先辈照子孙……

我喜欢他诗中的这一句"理想如珍珠，一颗缀连着一颗／贯古今，串未来，莹莹光无尽／美丽的珍珠链，历史的脊梁骨"。在我看来，如果把"珍珠"换成"作家"，不正是写出了中国的文学史其实就是由一个个作家串连而成的。每一个作家背后其实都有着属于自己的故事。有辛酸的，有甜蜜的；有跌宕的，有平缓的；有坎坷的，有坦途的。谁的一生注定都并不平稳。如果把他们串连起来，不正是一段段历史吗？

流沙河先生这一生其实很精彩，但也确实很曲折。

1923 年，他出生在四川成都金堂县。新中国成立前，他便是一个成都二中追求光明、酷爱文学的少年。他积极加入进步学生团体"十月读书会"，并在进步报刊上发表文章。1948 年，他在《西方日报》副刊上以流沙河的笔名发表了第一部短篇小说《折扣》。

新中国成立时，正在四川大学农化系读书的他，因痛恨自己的地主家庭，决计脱离它而独立生活，毅然辍学前往山区当了小学教员。

很快，充满文学才华的流沙河被作家西戎发现，1952 年转入四川省文联进行专业创作。这时他已是一名共青团团员，他以自己的赤子之心，写了许多歌颂党和毛主席的诗篇。1957年1月，流沙河、白航等4位年青诗人在成都创办《星星》诗刊。创刊号上发表了流沙河借物咏志的《草木篇》及其他各种流派的作者的好作品，在全国一枝独秀，深受读者欢迎。

1979年，流沙河先生终于回到《星星》编辑部开始写诗。他一边在复刊后的《星星》做编辑工作，一边勤奋地写作。1985年，他开始专职写作。晚年的流沙河先生则专心研究汉字、人文经典，先后出版了《文字侦探》《Y语录》《流沙河诗话》《画火御寒》《正体字回家》《白鱼解字》《晚窗偷得读书灯》《庄子现代版》《流沙河讲诗经》《流沙河讲古诗十九首》《字看我一生》等众多著作。

晚年的流沙河先生平时最爱到自家附近的大慈寺与老朋友喝喝茶、摆摆龙门阵，一起谈天说地，谈古论今，自在而惬意。2019年的冬天，流沙河先生走了，大慈寺也从此少了一个爱聊天、爱说笑的诗人。但这位诗人写下的诗篇，却会永远地留在这个世间，让读者慢慢品味。

> 在梦中听屋上的风雨
> 和邻家的鸡啼
> 让尘世的纷争遗忘我们
> 让岁月在门外悄悄地走过

（《文综》，2022年春季号）

“一面之缘”的歌曲译配家薛范

深夜花园里四处静悄悄

树叶儿也不再沙沙响

夜色多么好，令人心神往

在这迷人的晚上

夜色多么好，令人心神往

在这迷人的晚上

小河静静流，微微泛波浪

明月儿照水面闪银光

依稀听得到，有人轻轻唱

多么幽静的晚上

……

这是苏联歌曲《莫斯科郊外的晚上》的中文歌词，只要音乐响起，许多中国人都会忍不住跟着哼唱，因为这首歌太过经典，不仅旋律悠扬，歌词也写得极为优美。1957 年《莫斯科郊外的晚上》中文歌曲一经推出，便迅速在中国走红，它影响了一代又一代的中国人。

身为"70后"的我，小时候听到这首歌时，就觉得那个叫莫斯科的地方一定幽静而美丽。渐渐长大，再听时，就很想去莫斯科这座城市看看，在某个寂静的夜晚，在郊外的某条路上，听着这首歌，我漫步其中，去感受这首歌背后的世界。很可惜，直到现在，我都没有机会到几千里之外的那座城市去看一看、走一走，但我却有幸和这首歌的中文译者薛范老师有过一面之缘。

2011年11月2日下午，我在上海一幢老式建筑中见到了我国当代著名歌曲译配家薛范老师。那次，我随征集编目部刘屏主任前往上海征集作家文学资料。一天，主任告诉我他下午要带我去见一位老朋友，一位让他很敬佩的音乐家。我说好的，能让主任敬佩的这个人，一定不简单。那天下午，走进门，我看到一位坐在轮椅上的清瘦长者，戴着眼镜、穿着一件夹克衫，精神略显疲惫。我猜这就是今天我们要见的音乐译配家薛范老师。一进屋门，刘屏主任弯下腰和薛范老师握手致意，薛范老师热情地招呼着我们进入屋中。薛范老师的家很小，屋中除了一张床、一台电脑，剩下的几乎全是报纸、期刊、书籍和光盘，仅有的几个小凳子上也放着成堆的书刊，我当时的第一反应是考虑我们应该坐在哪里合适，这里简直有点无处安身呀。

在攀谈中，刘主任问薛范老师最近在忙些什么，他说他正在翻译朝鲜电影《一个护士的故事》中的主题歌《护士之歌》。从昨晚一直忙到今天早晨八点，因为影像的解码软件不匹配，直到太阳都升起来了，他才上床休息。说到这里，薛老师突然转过身打开旁边的电脑，为我们播放了他一夜辛劳完成的新作。我们很荣幸，成为第一批听众。我很少听外国歌曲，朝鲜的歌就更少听。听着听着，我看到刘主任竟跟着音乐轻轻哼唱起来，他说这是他年轻时就听过的歌曲，这首歌让他想起了自己当年的军营岁月。真是一首歌一个故事，尤其是老歌总能让人想起过往的青春时光，难怪主任如此陶醉。看到自己的作品竟觅到知音，薛范老师很是高兴，他紧接着又给我们播放了《莫斯科郊外的晚上》原唱者演唱的音乐影视。那令人熟悉的旋律一响起，连我这个艺术门外汉都跟着一起沉醉。虽然那位苏联歌唱家的词我一句没听懂，但薛范老师译的歌词却在我脑海中不断呈现。一时间，屋中的三个人变得那样安静，没有人说话，都在悠扬的歌曲中感受音乐带来的美好。我相信薛范老师在听这首歌时，一定想起很多往事。

说起薛范老师与这首歌的缘分，还要追溯到 1957 年。那一年的 6 月，23 岁的薛范第一次从《苏维埃文化报》上看到这首歌曲，当时他手边凑巧有《莫斯科郊外的晚上》的原谱。精通音乐的他一试唱，就被这首歌优美的旋律所打动。他突然有了想翻译的冲动，工作了两个夜晚后，他对于自己译出的歌词始终不满意，这让他很是郁闷。为了找寻灵感，也为了让自己休息一下，薛范决定在某个晚上去听一场歌剧。那天夜里，在摇着轮椅回家的路上，他突然在街边听到一阵悦耳的琴声，那是肖邦的《降 E 大调夜曲》。寂静的夜，悠扬的琴声，无声的梧桐树，夜空中只有美丽的旋律在飘荡，多么美的一幅画面，薛范把轮椅轻轻地停在路边，静静地聆听，一直到琴声消逝，他才"苏醒"过来。到家已是凌晨，薛范依旧沉浸在那纯净的心灵之声中，看着自己放在书桌上的《莫斯科郊外的晚上》的歌词未竟稿，他忽然有了灵感，心中的情感喷薄而出，很快一首新词完整译出。他这次很满意自己笔下的文字。

不久，北京的《歌曲》和上海的《广播歌选》同时发表了薛范译配的《莫斯科郊外的晚上》。其后，这首苏联歌曲迅速红遍大江南北。

在那次交谈中，薛范老师还和我们深情地回忆起自己的母亲，他说母亲是他最坚强的后盾，是他的守护神。薛范老师说："我知道自己的身体是怎样的，但我从不气馁，因为我还有健康的双手、健康的脑子，我完全可以通过自己的努力去坚强地生活，这样我的母亲就不会为我过度劳累。虽然生活十分艰辛，但我从不放弃，我一直勤奋地翻译，就是想让母亲知道她的残疾儿子可以通过自己的奋斗，养活自己。我不想她那么操心。"听到这里，我很感动，也很惭愧。

《周易·乾卦》云："天行健，君子以自强不息。"这一点，在薛范老师身上得到了具体体现。我想也正因为薛范老师一直秉持这种精神，我们才有机会听到《莫斯科郊外的晚上》那美丽的歌词。我相信他的母亲听到这首歌时，心中一定充满了幸福与骄傲。

惭愧的是，自己作为一个健全的人，虽已过而立之年但根本谈不上勤奋。无论是面对工作还是生活，总有一种得过且过之心，总觉得"不着急，明天还有时间"。殊不知，人生真正能抓住的时光其实非常有限。我早就想着去写作，在文学馆从事征集工作，我天天跟作家们打交道，每天看到的绝大部分都是文学作品，每一个作家背后都有着一段故事，每一个人都是一个丰富的矿藏，这么好的一个宝库，自己不去挖掘实在太可惜了。我相信"勤能补拙"，只要不断地努力，再平凡的岗位也依旧可以做出属于自己的不平凡的成绩。可如果总是不去努力，总想着"明日复明日"，其结果一定是"我心待明日，万事成蹉跎"。

我和薛范老师只见过这一面，但我直到现在依旧记得他的样貌，他跟我们说的话，我从这位"身残志坚"的长者身上，真实地感到一种拼搏的力量，感受到一种自强不息的精神。

今年是薛范老师诞辰九十周年，我谨以此篇小文向他表达敬意，感谢他为我们写下了这么多美好的歌词。

（写于 2024 年 11 月）

167

王余杞，一个不应被忘记的左联作家

2024 年是已故作家王余杞先生长篇小说《自流井》创作 90 周年，同时也是他在天津创办左翼进步文学刊物《当代文学》90 周年，还是他与中国左翼文学旗手鲁迅先生相识 95 周年，也是他逝世 35 周年。他曾为中国革命文学做出过积极贡献，可现在却很少有人再提起他的名字。

我没有见过王余杞先生，只是在征集工作中结识了他的子女，听他们讲述过他的故事。王余杞是四川自贡人，是我的四川老乡，也许与这个缘故有关，我开始对这位原本陌生的作家充满了好奇，渐渐地开始阅读一些他的作品和有关他的文章，这让我逐步意识到他是一位充满精彩故事的作家，是一位不应被我们遗忘的作家。

1931 年 9 月 18 日夜，日本帝国主义在沈阳悍然发动了袭击中国东北军北大营的"九一八事变"。当晚，日本关东军切断了它所知道的所有沈阳与关内联系的信息渠道。但他们并不知道中国北宁铁路有一套特殊的传输通信系统。"九一八事变"发生当晚，一个名叫王余杞的年轻人第一时间便从沈阳铁路传来的电讯中知道了这一震惊中外的消息。他愤怒地当场提笔写下：

> 那噩耗直如一个焦雷地镇住了全公事房的每一个人！热血在我横身激荡——颤抖着手，我提起了笔，笔不停地写，写，写，写出：日本侵华是其三十年来的一贯政策，这次事变非济南惨案可比，我们的对策，唯一的只有战！战！战！

当晚虽遇到阻碍，但他坚持将所写下的文章送去发表。"直到二十一（日），（报纸）才用出大号字作标题，将从路局得来的消息大量地刊在头条上。"随后为了让国联调查团主持公道，王余杞又应路局安排"先编《东北事变纪要》，又编《北宁铁路损失详记》"。面对日寇的侵略和南京国民政府的不抵抗政策，王余杞心中十分悲愤，为了表达自己的抗战决心，他开始构思长篇小说《急湍》。在文中，他曾这样写道：

> 沈阳的大炮又一声响了，直震破了我们的耳膜！

王余杞率先用自己的笔为刀枪，代表中国作家在平津抗日第一线向日本侵略者展开了坚决的抵抗。

王余杞，中国现代作家，1905年3月9日生于四川自贡。1921年，前往北京求学。在北京，王余杞开始接受进步革命思想。1925年，王余杞在北京交通大学加入中国共产党。1926年春，王余杞联合进步学生陈道彦、朱大柟、徐堪五、翟永坤、王志之创办了文学刊物《荒岛》。为扩大刊物影响，王余杞积极创作，先后发表了《老师》《年前》《幺舅》《百花深处》《复仇之夜》《Beef，Wife》《A Comedy》等文学作品。其中《A Comedy》受到郁达夫的关注，郁达夫对该篇文章给予了高度评价，认为这是一部"杰作"。

1928年6月，因痛感国民党反动统治的黑暗，为追求光明，王余杞联合方纪生、朱大枬、李自珍、闻国新、翟永坤、张寿林、梁以俅等人在北平中央公园（今中山公园）建立了进步文学社团"徒然社"。不久在《华北日报》副刊主编杨晦的帮助下，他们创办了《徒然》周刊，王余杞负责编刊。虽然《徒然》周刊只出了二十期，但依旧对进步青年产生了积极影响。同年7月，王余杞小说集《惜分飞》由上海春潮书局出版，郁达夫特为此书写序：

> 虽然没有口号，没有手枪炸弹，没有杀杀杀的喊声，
> 没有工女和工人的恋爱，没有资本家杀工人的描写，然而
> 你一直贪读下去，你却能不知不觉地受到它的感动……不
> 过王先生的将来，我觉得一定是不可限量的。《惜分飞》这
> 一部小说，我也觉得是一九二九年中间所看到的最好的小
> 说中的一部。

同年暑假，王余杞在上海经郁达夫介绍，前往四川北路拜访中国左翼文学领袖鲁迅。当鲁迅得知来者就是不久前从北京将译稿《爱》寄给自己的王余杞时，直截了当告诉这位年轻人，其译稿可用，准备在11月20日的《奔流》上发表。

这让年轻的王余杞深感意外和激动。在拜访中，鲁迅对王余杞在文学写作和外文翻译上进行了指导，这让年轻的王余杞受益匪浅。对于鲁迅先生给予自己的热情帮助，王余杞一生记忆深刻。

这次见面后不久，王余杞结束实习，回到学校。次年毕业的王余杞被分配到天津北宁铁路局工作。正是因为在北宁铁路的工作，王余杞成为中国最先得知、最先报道"九一八事变"的中国作家。

1934年7月，身在天津的王余杞接受好友上海左翼作家联盟作

家宋之的的建议，在天津积极筹划创办了左翼作家新阵地《当代文学》杂志，王余杞认为：

> 像天津这样一个世界，实在太需要匕首、投枪、尖刀、响箭、狂飙、惊雷、闪电……摧枯拉朽，把这样一个世界打个稀巴烂！

从创办之日起，王余杞就要求刊物不仅要"文以载道"，还应当"文须及时"。其发表的文学作品要紧扣时代脉搏，以最快的速度反映现实。此后，《当代文学》发表了大量密切配合现实斗争的文学作品，如：宋之的、叶紫、聂绀弩、丘东平、夏征农、李辉英、欧阳山、草明、艾芜的短篇小说；郁达夫的随笔；艾青、甘运衡、魏照风的诗歌；澎岛、文殊、陈明中的剧本等。《当代文学》的创办，不仅给北方文坛带来了生机与活力，同时也产生了强烈的社会反响。随着王余杞加入北方左联，《当代文学》还成为北方左联的一份机关刊物，它将南北两地相当多的进步作家紧紧联系在一起。它成为那个时期中国左翼革命文学的一个重要阵地。

1934 年，王余杞以自己在自贡盐业大家族成长的历史为背景，开始创作并发表长篇小说《自流井》。自贡是位于中国腹地四川省的一个得天独厚的宝地。其盐业发展在中国近代工商业发展史中具有独特的地位，其深井采盐技术在当时的世界上首屈一指。自流井开采井自汉代起便有，19 世纪末到 20 世纪初，自贡自流井达到顶盛时期。当时数百井架天车林立，盐场生产繁忙，城市烟雾缭绕，形成中国内陆当时少有的发达的工商产业地区。

王余杞在小说中以幼宜的视角引领，一方面使得地方风俗在孩子好奇的眼中自然地展开，另一方面也较为客观地记录了其家族衰败过程。而不断成长、不断接受新思想的幼宜对这一事件的冷静分析，使作品少了历史悲观主义的色彩。《自流井》不仅是王余杞小说创作的代表作，更是不可多得的反映四川自贡盐井文化的优秀小说。

1936年上海左联解散，北方左联进行改组，王余杞被选为作家协会执行主席。6月，王余杞在以鲁迅为首的77人联名发表的《中国文艺工作者宣言》上签名，公开拥护文艺界建立抗日统一战线。同年，王余杞在天津还参与编辑、出版进步文学刊物《海风诗歌小品》。

1936年10月，中国左翼作家领袖鲁迅先生逝世，王余杞积极参加在天津举办的鲁迅先生追悼大会，并公开发表演说、撰写文章。1937年2月，王余杞开始在天津《益世报》上公开发表反映深受日本帝国主义侵略的天津人民苦难生活的长篇小说《海河汩汩流》。不久，因日本宪兵开始注意自己的抗日文学活动，在朋友与家人的建议下，王余杞离开天津南下。到达南京后，王余杞参加了马彦祥领导的上海救亡剧队，不久便担任了演出队的总务干事，他带领剧队参加各地的抗日进步宣传活动。当在山西临汾八路军总部活动期间，王余杞一行受到朱德、彭德怀、任弼时、贺龙、萧克、彭雪枫等人接见。

在临汾，王余杞还对朱德等人进行了采访。1938年春，在武汉进行抗日宣传的王余杞受叶以群之约，与刘白羽一起创作完成了国统区第一部介绍八路军将领的传记小说《八路军七将领》。（王余杞创作了《朱德》《贺龙》等，刘白羽创作了《彭德怀》《任弼时》《萧克》《彭雪枫》）该书一经发行，在国统区风靡一时，对推动全民抗战、宣传八路军抗日起到了积极作用。

1938年8月，王余杞回到家乡四川自贡。他以笔为武器，为家乡的民众积极介绍中国抗战形势。他在担任自贡《新运日报》主笔期间，发表了随笔集《我的故乡》等诸多作品。王余杞在作品中积极号召民众支持抗战，大声疾呼当前进行的是事关中华民族生死存亡的神圣的民族战争。不久，王余杞又担任了自贡进步组织——自贡市歌咏话剧团团长，他积极带领团员组织排演反映抗战的进步戏剧、歌曲节目。为了推动自贡的文艺抗战运动，王余杞还提出了"文艺三坚持"：坚持文艺进厂——保障盐工福利；坚持文艺下乡——宣传"二五减租"；坚持文艺入伍——高唱"枪口对外"的斗争目标。

在天津，王余杞利用自己担任国民党天津市政府公职的身份，不仅积极主持天津的进步话剧运动和京剧革新运动，还根据党组织要求，积极参与保护天津市政府文件档案工作。新中国成立后，王余杞在人民铁道出版社担任编审期间，创作完成了中国首部《中国铁路史》。1989年11月，王余杞病逝于汕头，享年89岁。

2017年4月20日，王余杞家属将其188封书信、47部手稿、62本日记、笔记和历时5年编写完成的两套《王余杞文集》等珍贵文献资料捐赠给中国现代文学馆。这些资料的入藏，必将会对中国现当代文学史研究这位曾经积极投身抗战、及时反映时代生活的左联作家产生积极作用，也将大有裨益于我国左翼文学流派和思潮的研究。

（定稿于2020年12月）

◎

档案是历史的脚印

——追忆著名作家叶永烈

2020 年 5 月 15 日刚刚吃过晚饭，我正准备稍微休息一下。妻子突然拿着手机，对我说："叶永烈先生去世了。"我心里一惊，问道："谁去世了？上海的叶永烈老师吗？"妻子看着我点点头，"是上海的叶永烈先生，今天刚刚去世。我把这则新闻发给你看一下。"

当我打开手机看到新华网的这则新闻报道《著名作家叶永烈在沪病逝》时，才知道这是真的。

我和叶老师相识于 2002 年，现在想想也已有 18 年了。那时的我刚毕业到中国现代文学馆负责征集工作没多久，还是一个毛头小伙儿。我们第一次见面是在叶老师位于上海田林东路的家中。在最初的电话联系中，我代表文学馆向叶老师表达了希望能够到家中拜访和征集叶老师手稿、书信、图书等文学资料的想法，叶老师很高兴地邀请我到他家中面谈，并表示可以考虑捐赠一些自己的资料。那时，叶老师刚 60 多岁，看上去是那样年轻并充满活力。第一次见面给我印象最深的是，叶老师有满满一屋子做了标注的录音、录像资料和大量的采访笔记，都整整齐齐地放在屋中顶天立地的书柜中。叶老师告诉我，这些都是他自80年代初开始为了写作而拍摄、采访、整理的原始资料。这可真是不得了，简直是一个极其丰富的宝藏。当我问叶老师，您为什么会如此注意保留这些档案资料？大多数作家往往并不会这样。叶老师微笑着告诉我，他之所以大量采访和搜集档案，是为了保证他叙述事实的准确性和有说服力。作为一个上海的"北京作家"，他主攻写作中国现当代历史人物传记和报告文学，而北京是中国政治人物云集的地方，所以他每写一部作品都要去北京进行密集的采访。叶老师非常重视对当事人的采访与口述记录，他每写一部长篇，至少都要采访二三十位甚至五六十位当事人。这样日积月累，他掌握的资料越来越丰富，越来越翔实。这对于他的写作极有帮助。而且随着采访的深入，他发现采访的过程就是对当代重大历史事件和人物的不断挖掘，这个领域有着无穷的宝藏。

谈到这里，叶老师稍微顿了一下，他说，他的这个特质确实很多作家没有，这可能跟他的父亲有很大关系。他的父亲叶志超是一个极其认真的金融家。作为家长，他认真保留了叶永烈从小学一年级到高三毕业的所有成绩单。讲到成绩单，叶老师还专门从书柜中拿出一大包包裹得非常细致的档案让我看。当抽出自己小学一年级的成绩单时，叶老师特地指给我看他当年的读书科目是40分，不及格，写作科目也是40分，不及格。叶老师笑着说：

> 作为一个作家，我小时候其实并不喜欢写作。我是到小学五年级11岁时才慢慢开始喜欢文学的。那时我写了一首诗，自己觉得还不错，便悄悄寄给了当地的《浙南日报》。后来这首诗还真的发表了，而且编辑还给我写了一

封信，这对我的鼓励很大，加之我父亲很喜欢读书，家里
有许多文学经典著作和童话书。那时留给我深刻印象的有
英国作家丹尼尔·笛福的《鲁滨孙漂流记》，还有中学读
过的苏联版的《十万个为什么》。慢慢地书读多了，我的
文学之路便一发不可收拾。

我在去拜访叶老师之前，曾做了一些功课，知道叶老师早年在
北京大学化学系上学时，便开始了第一个高产量的文学写作期，那
时他是我国科普著作《十万个为什么》最早的作者之一。当我们坐
在他的书房聊起这段时，叶老师饶有兴致地对我讲起那段往事：

考上北京大学化学专业后，我仍热爱写作。有一天，
我看到一份北京科协办的科学小报正在征集稿件，自己便
很想试试，很快我就投了一篇自己写的科学小品文。不久，
这篇小文章真的发表了。从那之后，我便来了"灵感"，尝
试着用文学手法去写科普文章，这也正好可以把自己学到
的专业知识用上。后来，我把自己的十几篇化学小品编成
了一本名为《碳的故事》的书稿，投给少年儿童出版社。
没过多久，该社做了些修改后就出版了，这是我首次正式
出版的书。到现在，我还保存着这本书早年的手稿。1960
年，少年儿童出版社还邀请我参与了中国版《十万个为什
么》的写作。我主要负责写化学、农业和生物三个分册的
326个"为什么"，占全书总篇幅三分之一。那时的我20
岁，还是一个大三学生，我就这样成了《十万个为什么》
最年轻的作者。

当我听到叶老师还保存着《碳的故事》的手稿时，想到自己的

征集使命，便在叶老师讲完这段话稍作休息时，赶忙问道："叶老师，我这次来上海是想多征集一些上海著名作家的资料。我们中国现代文学馆希望能为中国当代文学史多保留一些珍贵史料，传之后世。您看是否愿意把这部手稿放在我们中国现代文学馆保存？"

没想到，叶老师非常愉快地答应了我这个请求。

> 没问题呀。你们那里的保存条件很专业，而且这也是巴金先生那一代作家创办文学馆的初衷，我理当支持。你打完电话后，我想了想，我这里资料实在太多，有些我还要用，有些则完全可以交给你们文学馆保存。这次，你就可以把这部手稿带走。另外，我还给你们准备了一些其他资料，到时你一并带上吧。

我没想到这次任务会如此顺利，叶老师对我这位初出茅庐的年轻人的支持让我非常感动，"叶老师，谢谢您对我们工作的大力支持。文学馆一定会好好保存这些资料，让它们发挥着最大的价值。欢迎您有时间到中国现代文学馆做客。"

"好的，有时间我一定会去。"叶老师笑着回答道。

最后要走的时候，我记得叶老师郑重地把他珍藏的《碳的一家》《哭鼻子大王》《高士其爷爷》《毛泽东的秘书们》4部手稿——转交到我的手中。尤其是在移交《碳的一家》《哭鼻子大王》时，他抚摸了很久，我能感受到他心中对这些"老友"的不舍。除了这4部珍贵的手稿，叶老师那次还捐赠了自己近40本著作，当时装了满满一大箱。

这次拜访之后，我和叶老师曾在上海、北京见过多次。2011年11月23日，我和叶老师在北京饭店再次见面时，他还特地给我写了一句话，我一直珍藏至今。

档案是历史的脚印。

这句话不仅说出了他对文学馆的期望，也说出了他对档案与历史的理解。

最近几年我和叶老师联系并不多，只是在新年时互致问候。叶老师如果有事，会通过微信告诉我。2017年，他曾通过微信告诉我他要寄一套书给文学馆："《叶永烈科普全集》28卷已经由四川人民出版社、四川科技出版社全部印好，拟赠送文学馆一套。请告知邮寄地址、邮编及手机号，将从成都直接寄您。叶永烈2017年11月21日。"

我的回复是："好的。"过了一个月，叶老师于12月22日再次联系我："《叶永烈科普全集》已到达，收到否？"我看到微信后，问了一下同事，他们告诉我还没有收到。我赶忙回复："叶老师，书还没收到。再等等吧！收到后，我通知您。"12月25日圣诞节那天，书终于到了。我赶忙告诉叶老师，他很快发给了我一个圣诞老人驾着雪橇的动画表情。

在相识的18年岁月中，叶老师一直希望有机会单独到中国现代文学馆来做客，看看我这位小友，看看他的那些"老友"手稿，可一直也没有成行。我知道他一直都很忙碌，即使来了北京，也全被各种会议和采访占满。现在叶老师走了，这也注定是一个永远无法实现的遗憾。

叶老师，一路走好！

（《中国艺术报》，2020年5月16日）

追忆陈映真先生

2023年5月26日上午，我国台湾著名作家陈映真的夫人陈丽娜女士在与中国现代文学馆签订《陈映真文学资料捐赠协议》后，将第一批陈映真文学资料正式捐赠给中国现代文学馆。其中包括《忠孝公园》《山路》等陈映真代表性作品手稿200余部，以及《第一件差事》《将军族》等陈映真著作的早期版本。

当陈丽娜女士为我们介绍这些珍贵资料时，我对《忠孝公园》这部手稿十分关注。《忠孝公园》是陈映真先生的代表性作品，他的这部手稿保存得十分完整，全稿共82页。作者用黑色碳素笔书写在"美加美"（规格24厘米×25厘米）和"真善美"（规格24厘米×25厘米）两种稿纸上。手稿首页的右侧上方为小说题目，最早起名为"和平公园"，后改为"忠孝公园"；下方为作者陈映真的署名。手稿最后一页明确标注创作完成时间是"二〇〇一年六月六日"。

该稿曾在多年前参加过中国现代文学馆举办的"台港澳及海外华人作家捐赠陈列展"。该展计划展出柏杨、林海音、朱秀娟、李辉英、金庸、梁羽生、梁凤仪、周颖南、李治华、周励等 60 多位台港澳及海外作家捐赠的图书和手稿。在布展过程中，馆里有同事提出应当有陈映真先生的一席之地，他在我国台湾地区的文学地位非常重要，有很大的文学贡献和影响。但当时馆里关于陈映真先生的资料并不多，无法很好地展示先生的创作风貌。得知陈映真先生正在医院，馆领导亲往医院，向先生当面发出参展邀请。陈映真夫妇听后积极响应，丽娜女士从医院紧张的生活中专门抽出时间回到家中整理，将映真先生小说《忠孝公园》的手稿、近 40 本著作以及先生的照片等资料交予文学馆参加展览。展览中有一张先生的黑白大照片，先生坐在书房的藤椅上，眼镜推到头上，正在侃侃而谈，很有气势。那是我第一次见到这位"台湾斗士"的样子，印象非常深刻。当时，我就对这位充满传奇色彩的作家产生了极大兴趣。该展开幕后颇具影响，很多观众都慕名前来参观。

当我再次看到这部《忠孝公园》的手稿时，内心倍感亲切。这部手稿凝聚了先生的心血，他在一笔一画中用心书写着他心中的国与家，这些文字仿佛能够让人看到先生在书桌旁、在台灯下辛勤创作的模样。

我曾去过先生在北京的家，先生的家很干净，摆设也很简单，只有一些普普通通的家具和字画。其中有一幅书法作品看上去有些年头，行笔也很有功底。丽娜女士介绍，这幅书法是她跟映真先生结婚的时候，台静农先生书写并送给他们作为贺礼的。台先生当时很认真地对丽娜女士说："我们就把映真交给你了，你要照顾好他。映真不仅是你的，更是我们大家的。"我想，正是有像台先生这样的前辈、朋友的支持，映真先生才能一直像斗士一样不屈地战斗着。

我与先生曾有"一面之缘"。2015 年 11 月 6 日是先生生日，我陪同馆领导和中国作协外联部的同志前往朝阳医院给先生祝寿，那天我还提前预订了一个漂亮的大花篮。当我们到达 ICU（重症监护室）门口时，全部按照医院规定换上了隔离服，然后轻轻地与丽娜女士走到映真先生的病房外。

先生的病房不大，一张床、一张小桌、一些仪器。因为房间太小，我们不能都进去，我便和另外一位作协同志留在门外，隔着玻璃窗远远地看着先生。他静静地躺在病床上，像是睡着了。看得出来，这位一直在为祖国统一而战的"台湾斗士"已经被疾病折磨得极度虚弱。映真先生那年 78 岁，满头白发，身上插满了管子。上楼时，我听丽娜女士介绍，最近先生身体还不错，对于她的呼唤，他也能做出一些反应。那天在医院，我看见丽娜女士在他耳边轻声呼唤："永善，永善，中国作协的朋友、文学馆的朋友拿着鲜花来看你了，他们祝你生日快乐。你跟他们打声招呼吧！"我看到先生的头微微动了一下。丽娜女士转过头来笑着对大家说："永善听到了，知道你们来了，他在欢迎你们。"知道映真先生需要休息，我们没敢耽搁太久，便告别离开了。

一年后，2016 年 11 月 22 日，映真先生走了。12 月 1 日，受馆领导委托，我代表单位全体同仁前往八宝山送别映真先生。那天清晨寒风凛冽，礼堂外悬挂的挽联真切地记述了映真先生近 80 年的风雨人生：真爱中华民族奉爍金年华力推祖国统一，激扬世上日月铸造千古伟业；映照宝岛河山执如椽巨笔挥洒文学天地，镌刻人间春秋成就青史功名。

走进大礼堂贵宾室时，丽娜女士看见了我。她紧紧握着我的手，说："慕先生，谢谢您能来！感谢文学馆这么多年为永善所做的一切，谢谢！"

告别仪式 10 时开始，追悼大厅播放着映真先生朗读自己的小说《铃铛花》的声音，他用自己的声音来迎接四面八方的朋友送他最后一程。我将洁白的花朵放在映真先生遗体前，深深地三鞠躬。

这是我第二次见到映真先生，没想到这次却是永别。先生已经与疾病战斗了 10 年，这位"台湾斗士"也许是太累了。

那天追悼会民众吊唁结束后，映真先生的朋友们来到遗体前，为他齐唱《安息歌》：

> 安息吧，死难的同志
> 别再为祖国担忧
> 你流的血照亮着路
> 我们会继续前走
> 你是民族的光荣
> 你为爱国而牺牲
> 冬天有凄凉的风
> 却是春天的摇篮
> ……

看着这个场景，我不禁想到，这位曾经无奈离开台湾的作家在他人生最后的 10 年，是在大陆感受着祖国的温暖的。

映真先生离开我们已经 6 年多了，他土生土长于台湾，深深爱着自己的祖国，期盼着两岸统一。他留下的未走完的道路，我们必将继续走下去。

（《文艺报》，2023 年 6 月 7 日）

忆凌力老师

在我认识的众多女作家中，凌力老师应该是历史功底最为深厚的一位。她所写的长篇小说《少年天子》是我很喜欢的一部历史文学作品。这是一部描写清朝入主中原后第一代皇帝顺治的长篇历史小说。面临明清鼎革之际的严峻局面，年轻的顺治励精图治，力求变革；但不断受到朝廷保守势力的阻挠，政治风云迭起。顺治能书会画，多情善感，醉心追求符合意愿的爱情和婚姻生活；但皇帝的爱情和婚姻牵连着宫廷权力的争夺，顺治在这方面的举措也引起了爱与恨、生与死的尖锐矛盾。终其二十余岁的一生，顺治在政治上的失败和爱情上的破灭，反映了深刻的性格悲剧和历史悲剧。

其后，这部作品由刘恒先生担任编剧进行改编，然后被拍摄为同名电视剧《少年天子》。这部剧被认为是极为接近历史的正剧，我是从头看到尾，邓超所唱的主题曲《永相别》，有一段时间我更是来回来去地听。

西风烈　残阳斜

生与死　永相别

来去之间　重重叠叠

云中梦中　不见天阶

苍茫人生　古来阴晴圆缺

爱过恨过　临行依然不觉

笑声伴泪水　奔流年年月月

此生悲喜难决

……

历史不正如歌中所唱吗?

　　我喜欢读历史,因为历史总给我一种独有的味道。在我看来,历史长河中的那些人、那些事,犹如一幕幕大戏,你方唱罢我登场。潮起潮落的交替,这不正如人生吗?有开始,有发展,有高潮,有结局,只是没有人能预知它会怎样开始,又将会怎样结束。每每看到他们的生生死死,看到他们的呐喊与低吟,总难免叹息,谁能逃过命运之手?泱泱大汉,煌煌盛唐,强盛于世间,消亡于荒嬉之中。当时间渐渐流逝,我能看到的历史可能更加清晰,越走近历史,我越会感悟到历史的沧桑与无奈。每当曲终人散,才发现灿烂的瞬间总是那样短暂,留给后世的只有无尽的回味与思索——

　　多少烟雨多少事,似水追忆俱成空。
　　多少楼台多少歌,尽付笑谈一语中。

　　凌力老师并非文史专业出身,她早年学的是无线电控制专业,并曾从事导弹工程技术工作12年。可她非常喜欢历史与写作,1970年她开始进行历史小说的创作,为印证史料,她先后到新疆、云南、湖南、安徽等地考察调研,她严谨认真、一丝不苟地进行素材准备，这为她以后长篇历史小说的创作打下了坚实的基础。对于为何后来会弃理从文，凌力老师曾这样解释："我选择通信专业，是遵从父命。是历史和生活把我逼上文学创作道路。"

1978年，凌力老师从原第七机械工业部第三研究院第三设计部调入中国人民大学清史研究所。其后，她更加醉心于史籍，潜心研究清代历史，参加过《清代人物传稿》等的编纂工作，编写有《生死·饮食·男女——清代民俗趣谈》等著作。也就是在那时，她对于顺治这个年轻帝王产生了兴趣，"他有独特的性格命运，跌宕起落的情感经历，通过他能映照出中国数千年封建社会的方方面面……"其后，凌力老师的历史长篇小说《星星草》《少年天子》《暮鼓晨钟》《倾城倾国》《梦断关河》《北方佳人》等相继问世。对于她的文学作品，著名作家王蒙曾这样评价："她的作品很感动人，因为她有一种情，她对历史有一种情，对人有一种情，有一种珍惜，所以她是一个很高雅的人。"对于自己的文学创作，凌力是这样说的："历史著作要写历史上曾经发生过的一切，而历史小说要写历史上可能发生的一切。""我希望我所写的历史小说，能站在历史和文学之间，能成为边缘科学的一部分。"

我第一次见到凌力老师是2005年底。那一年，我去她位于丰台六里桥八一电影制片厂的家中拜访。那时我已读过她的长篇小说《少年天子》。

对于清史，我很有兴趣，也许是因为它离我们太近了，几乎每天都不可避免地被电视剧里的清宫剧所影响，尤其是1998年播放的《雍正王朝》和2001年的《康熙王朝》。对我而言，这些历史剧充满了魔力，让我百看不厌。早在小时候，我就总爱把历史书当作小人书来读。在我看来：上下五千年，豪杰千千万，多少帝王却总被风吹雨打去。那时的我，知道康熙是个优秀帝王，而雍正虽勤勉却并不怎么正面，对于顺治我却并没有任何印象。直到 2001 年，当我看到电视剧《康熙王朝》开篇中那个为爱为情甘愿丢掉帝王位、剪去凡人丝的年轻人时，我很想了解这个青年皇帝，因为在我眼中他真是叛逆。后来虽也有意识地读过一些有关顺治的史传，可总不明白"多少凡人梦想，多少豪杰心驰神往的权力宝座，而他却说那是个火山口，太难受了"。2003 年当我看过电视剧《少年天子》之后，我很为这部堪称正史的剧作所吸引。我那时候便很想有机会与这部作品的作者聊聊，聊聊我心中的这个几百年前的帝王。

2005 年即将走过的时候，我终于有了这个机会。文学馆每到元旦春节前，都会委派征集人员去看望一些北京老作家，加强联系。当我在电话中表示希望能代表文学馆前去家中看望时，凌力老师很高兴地欢迎我这位新朋友去家中坐坐。当我坐在已近花甲之年的凌力老师身旁谈起顺治时，她轻轻地说道："他生错了年代，如果晚生 300 年，他会是一个很优秀的人，也可能会很幸福。可是历史就这样捉弄人，偏偏选择他做了大清入关后的第一位帝王。他的悲剧源于他的性格，他的一切都是必然。"我静静地坐在旁边听凌力老师讲。随后，我又提出了一个问题："如果他不是那样，中国历史也就不可能出现千古一帝康熙了呀？他如此的性格，在某种程度上，是历史的幸运吧。凌力老师，您还会再接着写吗？毕竟您研究清史可以说用了几十年的心血。""我不会了，太累了。"凌力老师摇了摇头。我知道凌力老师的文学创作极为认真与严谨，当年为了创作《星星草》，凌力老师常去故宫博物院查阅清史资料。除了开会或特殊情况，她基本上每天都外出收集、阅读、抄录史料，早上往包里塞几块面包、带瓶水，就出门了。后来更是去山东、安徽等地实地考察，她要用自己的脚步和双眼真实地去勘验当地的山川形胜，收集当地的第一手材料。历时十年，七易其稿，方成反映清末捻军的抗争历史小说《星星草》。这种苦与累，一般作家是受不住的。

严肃历史小说的创作真的不容易，每一个细节都需要经得起历史推敲，要想做到这点，作者必须付出巨大的努力，而凌力老师恰恰有这样的历史素养和创作精神。

对于我的这个问题，凌力老师继续说道："我的身体已经不允许我再进行这样的创作。上半年，我的身体很差，我以为我会不行了。你现在看我精神是好了些，可那时的我却太差了。写一部作品太耗心血。而我的眼睛也不允许我再那样写了。"因是第一次来拜访凌力老师，我实在不便问她上半年究竟生了什么病，只能真诚地表达我的问候与祝福，希望她先把身体养好。看着眼前这位虽有心却无力再去写作自己熟悉的那段历史岁月或风云年代的作家，我很为那些喜爱她的作品、愿意以文学作品作为媒介了解清朝历史本来面目的读者感到遗憾。

那次见面时间并不是很长，毕竟是第一次见，我不敢太过打扰，当我起身要走时，凌力老师说要送我一本书，我却赶忙说道："凌老师，您能送我朋友一本书吗？她很喜欢您的作品。我这次来拜访您之前，我曾在上海和她见过一次面，当她得知我是在中国现代文学馆工作，还认识很多作家。她特意提出，希望有机会得到您的签名本，她要珍藏。我答应她了。"听到我同学这么喜欢她，凌力老师很开心，她让我稍等一下。不一会儿，她拿来一本自己的著作《暮鼓晨钟》，凌力老师问了我同学的名字，而后在桌子上打开扉页，认真地题写了寄语：

袁颖女士指正。

凌力 2005 年腊月

写完后，凌力老师起身将这本书郑重地交到我手中，笑着说："希望你这位同学能喜欢我这本著作。"我说她一定会喜欢的，谢谢您让我完成了这个任务。

2011年底，我和凌力老师在中国作家协会第八次全国代表大会的一个会场上再次见面，凌力老师看上去精神还不错。我赶忙走上前打招呼，凌力老师记起了我。我随后提出很想请她在我的册页本上书写一句她自己最喜欢的话语。凌力老师笑着接过我递上去的册页，很快写下了这样一句：

> 文章千古事　得失寸心知

这是"诗圣"杜甫《偶题》中的一句诗。其含义是，文章是传之千古的事业，而其中甘苦得失只有作者自己心里知道。这是大诗人杜甫晚年对诗歌创作的个人见解。"千古事"是指流传久远、关系重大的事件，魏文帝曹丕说过"文章经国之大业，不朽之盛事"；"寸心知"是说对于文章，作者本人的理解感知最为明白。这两句诗虽是议论，但对仗工整，切中肯綮，含蕴丰富，很有哲理性。

看到这句话，我能感受到这是凌力老师对我这位晚辈的期许与勉励。我收好册页本，向凌力老师表达了谢意，并希望她有时间到文学馆来参观，我陪她一起看看我们的新展览。凌力老师笑着点点头说："有机会的话，我一定去。"

此后，我再也没有见到过凌力老师，后来听说她患了重病，被确诊为"渐冻症"。我当时对这个病名十分陌生，完全不知道这个病是什么样子，后来有了些了解。我曾在一篇文章中看到凌力老师向朋友是这样介绍这个病的："我这个病啊，先是腿疼，再一点一点往上走，最后不能说话不能吞咽，可是不会走到大脑。所以最痛苦的是，最后得明明白白地看着自己一步一步地死去……"在人生最后阶段，据说凌力老师只能通过转动眼球、眨眼与家人交流。即使面对这样的困境，凌力老师也一直保持着乐观精神。当2018年俄罗斯世界杯开赛后，凌力老师还常常通过眨眼睛来与儿子猜球赛结果。

就是这样一位对生活充满激情的作家，如果没有这个病，我相信她一定会为我们创作出更多精彩的历史小说。可历史就是这样的造化弄人。

（写于2024年10月）

◎

讲不出再见

2024 年，是金庸与梁羽生两位武侠小说大师诞辰百年。这一年，还是"新派武侠小说"开创 70 周年。1954 年 1 月 20 日，随着一个笔名叫"梁羽生"的人在香港《新晚报》开始撰写小说《龙虎斗京华》，直至同年 8 月 1 日刊载完毕，一个新文学流派悄然出现于香江之畔。谁也没有想到，正因这部小说的横空出世，为无数中国人带来了一个"梦幻世界"。此后的短短几年，在我国香港、台湾出现了一众写新派武侠小说的作家，他们的创作如雨后春笋一般。香港有金庸、梁羽生、林梦、高峰、风雨楼主等人，代表人物为金庸、梁羽生；台湾则出现了陈青云、卧龙生、云中岳、诸葛青云、萧逸、古龙、上官鼎等作家，代表人物为古龙、萧逸。他们所创作的武侠小说最初在港澳台地区传播，后来蔓延至东南亚，再后来更是席卷全球华人世界，该浪潮整整持续了 40 多年。直到现在，他们众多的武侠小说还被不断地搬上荧屏（尤以金庸、梁羽生、古龙为多），由此可见，新派武侠小说的艺术生命力是多么旺盛。

正是因为他们的联袂创作，在中国当代文坛逐渐形成了一个以梁羽生、金庸为代表的虚构历史武侠故事为内容的"新武侠小说流派"。该流派以梁羽生为开端,金庸为高潮。梁羽生自己对此曾有评价:"开风气也,梁羽生;发扬光大者,金庸。"该流派摒弃了旧派武侠小说一味复仇与嗜杀的倾向,将"侠行"建立在正义、尊严、爱民的基础上,提出"以侠胜武"的理念,并对武侠中的"侠"进行了全新阐释:"旧武侠小说中的侠,多属统治阶级的鹰犬,新武侠小说中的侠,是为社会除害的英雄;侠指的是正义行为——符合大多数人的利益的行为就是侠的行为,所谓'为国为民,侠之大者'。"(梁羽生语)历经70年,"新武侠小说流派"在华人世界的影响至今未衰。金庸先生的"飞雪连天射白鹿,笑书神侠倚碧鸳"更是成为经典。

对于该流派的新,北大知名学者、教授严家炎先生有一段中肯的评价:

> 新派武侠小说是武侠文学史上的新阶段。它突破了旧武侠小说内容上的种种局限,在根本精神上与"五四"以来的新文学一脉相承,异曲同工。它不但能够存活在现代人中间,也已经正式赢得了现代读者的喜爱。

我,有幸生在了武侠小说在大陆最流行的时代。

作为一名武侠迷,"梁、金、古"是我永远无法忘记的作家,他们的"飞雪连天射白鹿,笑书神侠倚碧鸳"、《云海玉弓缘》《白发魔女传》《七剑下天山》《武林天骄》《狂侠天骄魔女》《萍踪侠影录》《楚留香传奇》《多情剑客无情剑》《陆小凤传奇》等作品对我影响至深:因为它们的陪伴,让我从少年时便开始拥有了一个属于自己的"梦",一个注定会陪伴我一生的多彩世界——"江湖",留下了一段难以忘情的学生时代。

自我接触到武侠小说后，发现它们迥异于之前看过的任何一本书，着了魔般地开始阅读。那时都是穷学生，这些小说大多是借来的，因为太过抢手，借书人要在限定时间内看完，且不得划线和批注，因为书已经破烂不堪。时间紧，任务重，我常常废寝忘食、一目十行，利用一切有利时间地看。一是上课时，在桌上摆一本书当掩护，低着脑袋"偷偷摸摸"地看。既要保持流畅的阅读，又要时不时与老师有眼神交流，表明自己在听课；二是躲在自己家外的公厕放心大胆地看。那时，上大号成为我"屡试不爽"的借口，常常蹲到双腿酸麻，快站不起来了。第三种情况比较少见，就是晚上钻进被窝里翻读。这种情况，要么是故事太精彩，要么是"书主"催得急，要赶紧还。于是，我在晚饭后写完作业，便借口有点困，早早钻进被窝。然后，用下颌夹着手电筒，照着手上的书，津津有味地读了起来。看一会儿换一回气。但过早入睡，容易被充满爱心的母亲发现。一次，我在读古龙先生的《多情剑客无情剑》时被抓包了。从没读过武侠的母亲，以为我陷入了早恋，非常生气。直到我发誓以后再也不看这类武侠小说，才勉强平息了这次风波。

正是在初中时期的大量阅读，让我对武侠小说有了自己的理解：金庸的小说最精彩，古龙的最奇绝，梁羽生的则透着淡淡的书卷之气。在众多作家中，无疑金庸的作品最好看，他的作品大气磅礴、义薄云天、从不"小我"，读后让人热血沸腾，整得我总想跟书中主人公一样仗剑走天下，去追逐大漠落日，去攀登雪域高原，去踏激流险滩，去江湖圆一个武侠梦、英雄梦。他的武侠小说不仅给年少时的我一个大大的"武侠梦""江湖梦"，同时它让我知道作为一个中国人，要"忠、孝、信、诚"，心中要有"礼、义、廉、耻"，对家人、朋友要"有情有义"，对社会要有一种"侠义情怀"。他让我很想成为一个有着"侠骨""侠情"之人。

初中之后，我的武侠阅读少了许多。那时，更多的是观看武侠影视剧。1994年上高三时，台湾马景涛版《倚天屠龙记》正在热播。害怕影响学习，父母对我观看的时间做了限制。我在自己房中坐卧不安之际，无意中发现门上有一个小小的洞，通过这个洞，电视机里的画面竟然一览无遗。我通过这个小洞追完了整部剧，获得了巨大的满足，成绩也没有受什么影响。直到大学毕业后，在一次聊天中，我才跟父母坦承了这次"武侠剧之旅"。

20世纪八九十年代，大量的港台片涌入，我看到了一部又一部精彩的武侠影视作品。《神雕侠侣》《笑傲江湖》《东方不败》是我最喜欢的，我在现代的光影中对新派武侠有了更新的了解。也因为这些武侠片，世界开始认识神奇的东方，认识中国功夫。

大学毕业后，由于工作原因，我有幸见到一些作家，他们要么是对武侠小说的出现起到了重要的推动作用，要么是曾创作过知名武侠小说。

我最早见到的武侠小说作家是台湾武侠小说家萧逸，他的武侠小说《饮马流花河》《马鸣风萧萧》是我比较喜欢的。他的小说读起来给人一种典雅婉约、飘逸流畅的感觉。他与诸葛青云、卧龙生、司马翎、古龙曾并称"台湾武侠五虎将"。在他的武侠创作巅峰期，曾与金庸齐名，江湖人称"南金北萧"。后因定居洛杉矶，北大教授孔庆东又称他为武林中的"美洲豹"。

我和萧逸先生相识于2008年12月3日，那天晚上，我随中国现代文学馆访美代表团参加了在洛杉矶举行的"北美洛杉矶华文作家协会座谈沙龙"。十二月的北京早已是寒气逼人的冬季，而万里之外的洛杉矶却依旧阳光明媚、温暖如春。在沙龙上，我结识了一位四川老乡，女作家刘加蓉。当我和她谈兴正浓时，沙龙主持人拿着麦克风向全场讲道："我们现在邀请北美洛杉矶华文作家协会前会长萧逸先生致辞。"

我一下子被"萧逸"这个名字吸引了，"萧逸，是那个写《饮马流花河》《马鸣风萧萧》的武侠小说家吗？"我低声问刘女士。

"是的，他是我们前会长。"

天哪！在这里我居然能见到这位武侠大师，这于我而言真是喜出望外。对于萧先生的致辞，我记不太清楚了，只记得他最后说了一句："随着中国经济的起飞，文化也日益繁荣。相信一场炎黄子孙的文艺复兴即将到来。"

当我看到萧先生致辞结束回到座位时，赶忙起身，穿过大半个会场，走到他的身边，恭敬地向先生致意："萧老师，您好！我是中国现代文学馆的小慕，慕津锋，很高兴能认识您。您的《饮马流花河》《甘十九妹》《马鸣风萧萧》《无忧公主》，我上初中时便读过，直到现在我还记得君无忌这个名字，'一个无忌天下的君子'，这名字够气魄！"

当我讲完，萧先生高兴地站起来："慕先生，你好！欢迎来到洛杉矶，谢谢你喜欢我的这几部作品，这都是很多年以前的作品了，没想到你这么年轻还会喜欢。"

"萧先生，我们这代'70后'的男生，大都是读着武侠小说成长起来的。武侠小说给了我们这些男孩子一个豪情美丽的武侠梦。这个梦指引我们要做一个心有侠义的有情之人：对国家要忠，对父母要孝，对家人要爱，对朋友要义。武侠对我们影响太大了。谢谢你们创作的这些武侠小说，让我们的学生时代多姿多彩。谢谢！"我越说越有些激动。萧先生听得也很感动。这时，负责照相的同事走上前，"小慕，今天这么好的机会，你和萧逸先生合张影。"

是呀，今天的机会对我而言确实太难得了。萧先生热情地邀请我站在他身边合影留念，我则紧张得有些不知所措。看到这情景，萧先生笑着拍了拍我，"慕先生，我们远隔万里还能在这里相会，说明我们有缘。你那么喜欢武侠，说明我们有难得的'缘'。这次相识，我们就已是江湖朋友。下次有机会再到北京，我一定到中国现代文学馆去拜访你。"

听先生这么说，我都不知该说些什么，"好的。萧先生，您下次到北京提前告诉我，我在文学馆等着您。"

2009年4月下旬，萧先生应约来到北京向中国现代文学馆捐赠他的文学资料，其中就包括他的武侠小说《西风冷画屏》和《七道彩虹故事》等手稿，《马鸣风萧萧》等武侠著作15部，还有著名武侠小说《饮马流花河》等作品连载时的早期报纸。这些文献资料的入藏，对于研究萧逸武侠小说创作具有很高的史料价值。

那次萧先生来京，我全程负责陪同。在聊天时，萧先生对我谈起了自己的武侠创作，萧先生说自己的武侠创作其实很偶然的。1958年父亲萧之楚将军去世后，台湾国民党当局给的抚恤金很少，家境一下子变得并不是太好。自己在台北建国中学毕业后，先后进入台湾海军军官学校和中原理工学院化学系学习，但自己都不喜欢便辍学了。当时，台湾社会受香港影响很流行武侠小说。当时的台湾也有很多人在写武侠小说。那时的自己也喜欢看武侠，他看到那么多人在写，而且稿酬也很可观，无学可上的他也想试试。结果1960年，他悄悄地创作了一部武侠小说《铁雁霜翎》。写完后，他便试着给出版社投稿，出版社很快就与他签了合同，出版了该书。不久，大名鼎鼎的香港邵氏影业公司竟然看上这部小说，迅速与萧逸签约后很快便拍成了电影。看到自己所写的武侠小说如此受欢迎，而且还有不菲的稿酬，年青的萧逸很是惊喜。从此，萧逸便开始了自己长达20多年的武侠小说创作。

在与我谈起的武侠小说作家中，萧先生特意和我讲起他与古龙年轻时的一段趣事。那时他们都已经开始写武侠，但古龙的名气还不大，而萧逸的文章在台湾、香港地区以及东南亚都很受欢迎，很多报纸向他追稿，那时的他必须天天写稿，否则那些报纸就要开天窗。萧先生说那时他写稿写得很快，稿费也相当可观。有一天，他和古龙都刚拿到稿费，便相约着晚上一起吃饭。一见面，古龙豪情万丈地和萧逸说，今天咱俩不管拿了多少稿费，都拿出来放在一起，今晚找一家高级馆子，咱一顿饭全部花出去，来他一个不醉不休的豪饮，你把钱交给我，我最后来买单，如果钱不够，最后差多少，我来补。听古龙这么说，想到自己今天刚拿到的不菲稿费，萧逸想可能古龙今天拿到的稿费也不低，否则他不会这样主动大方地说。萧逸便把自己的稿费全部交给了古龙，想那就今天晚上好好吃一顿，大不了吃光了这些稿费，回去继续写。那晚，古龙和萧逸可真是海吃，海喝了一顿，什么贵点什么。等吃完古龙结了账，萧逸才知道，其实那天古龙根本没拿到多少稿费，但他的大口气"唬住"了自己。好脾气的萧逸听后，除了心底一声叹息外也没再说什么。毕竟这笔稿费对于萧逸而言，也没那么重要。只是以后，萧逸不再好骗了。每当古龙说一起掏钱吃饭时，萧逸便说那大家把钱都拿出来，看清楚了再吃。而古龙呢，好像有一阵不再说大话了。当然，后来古龙的小说越写越好，市场也越来越大，直追香港的金庸和梁羽生。

谈到古龙的英年早逝，萧逸先生很是感伤。我能感觉得到这位已经离世近24年的朋友，在萧逸先生心中有着怎样的位置。

是呀，天才需要勤奋，但更需要自律。

有一次，我跟萧先生谈起曾经风光无限的武侠世界，现在只剩下金庸、萧逸和温瑞安三个人了，而且都是封笔多年，其他的武侠大师都已驾鹤西去。属于武侠的黄金时代，也许真的过去了。现在很多年轻人不看武侠。萧逸先生倒还很乐观，他说："每个时代都有自己的武侠，只是表现方式发生了变化。现在，香港黄易创作的新武侠就有不少的拥趸。不管怎样，武侠不是低俗，武侠不仅仅是打打杀杀，它有它的精神，它的精神就是'侠义'。这是中国人几千年来一直传承下来的，是从儒家思想转化过来的。中国人的'侠义'

不同于西方和日本人的武士道，它是一种悲天悯人的情怀，这种情怀要求'侠者'要有对弱者的同情心，对权势敢于抗争的魄力，要有自己的良知。要敢于杀身成仁，而绝不助纣为虐。"

　　我第二个见到的与武侠有关的作家是香港的罗孚先生，他是梁羽生、金庸当年的领导、好友，兼武侠小说出现的推动者。正因为他"绑架"了陈文统、查良镛，逼着他们创作武侠小说，中国文学史才有了后来的梁羽生、金庸，他也被称为"新派武侠小说的催生婆"。

　　2011 年，我有幸与罗孚先生有了"一面之缘"。

　　那年的 6 月下旬，当时我的老领导刘屏主任让我联系一位叫罗海雷的先生，与他商议近期中国现代文学馆领导去他家中，拜访从香港来京的罗孚先生的事情。这是我第一次听到"罗孚"这个名字。凭直觉，我想"罗孚"先生应该是一位岁数很大的老先生吧。我很快就按照刘主任给的电话联系了罗孚之子罗海雷先生，在电话中，我表达了文学馆领导想去家中看望罗孚先生的意愿。海雷先生在电话中说："父亲这次来京，也很想跟中国现代文学馆的老朋友见见面，聊聊天。只是父亲岁数大了，身体也不大好，希望你们聊天的时间不要太长就好。我们非常欢迎文学馆的朋友们来家中做客。那天，我可能会有事不在家，你们见面慢慢聊。"就这样，我们约定：7 月 1 日，文学馆领导前往海雷先生位于丽都某小区的家中，拜访罗孚先生。

　　7 月 1 日一大早，我先开车去了花店和水果店，为罗孚先生精心准备了一个鲜花篮和果篮，而后到单位接上吴义勤馆长和刘屏主任。在路上，刘屏主任跟我们讲起了这位老先生的传奇故事。尤其谈到，正是罗孚"催生"了华语世界两位新派武侠小说作家：梁羽生和金庸。说两人都曾是罗孚在《大公报》的下属。适逢 1954 年，太极派掌门和白鹤派掌门由报纸上的论战转移到擂台上的对垒，引起港澳武术热。罗孚为了吸引更多的读者来看"左"派报纸，请梁羽生（本名陈文统）在报上连载武侠小说，于是便有了梁羽生的处女作《龙虎斗京华》的诞生。一年后，因梁羽生当时无法抽身继续创作武侠小说。罗孚便又鼓动金庸（本名查良镛）在《新晚报》上"开打"，金庸一开始本来是拒绝的，因为梁羽生的武侠已经很成功了，而且自己的兴趣也并不在此。但架不住罗孚的"软磨硬泡""软硬兼施"，"赶鸭子上架"的金庸便硬着头皮写出了他的第一部武侠小说《书剑恩仇录》。此后梁羽生、金庸的创作一发不可收，终成新派武侠小说的泰山北斗，风靡整个华人世界。因为我自己从小就是个武侠迷，梁羽生、金庸两位武侠大师在我心中有着崇高的地位。他们的武侠小说，我几乎全部读过，武侠小说对我们这一代影响太大了。我们心中所信仰的"忠、孝、仁、义、礼、智、信"，绝大部分都是源于武侠小说的影响。听到刘屏主任这么讲，我对这位老先生充满了极强的好奇心。

当走进海雷先生家的客厅时，我看见一位头发花白、身穿 T 恤、短裤的老先生正坐在沙发上，微笑着向我们打招呼。我赶忙快走几步，把文学馆精心准备的花篮和果篮送到罗孚先生面前，并送上我们的祝福："罗孚先生，这是我们文学馆送给您的鲜花和水果，祝您身体安康！阖家幸福！万事如意！"罗孚先生笑着点头致意，并与我们一一握手："谢谢文学馆的朋友来看我，我与文学馆是很多年的老朋友了！你们太客气了！大家请坐。"吴义勤馆长、刘屏主任分坐在罗孚先生两边，我则负责拍照。在领导与罗孚先生谈话时，我仔细打量了一下这位"催生新武侠"的老先生。罗孚先生个头不高，戴着一副略微有些大的眼镜，他说话的语速不快。说话时，也总是带着微笑。看得出来，他是一个非常谦和的人。

那天拜访即将结束时，罗孚先生提出要亲自送一套自己的文集给我们每个人，挥手与我们告别。

回来后，我认真地拜读了先生送我的文集。在他的《文苑缤纷》一书中，罗孚先生有4篇先后谈到金庸、梁羽生和武侠小说：《两次武侠的因缘》《香港文学和武侠小说》《金庸小说，革命文学？文学革命？》《金庸的治学和办报》。也许是武侠迷的缘故，我非常喜欢读罗孚先生谈他与香港新派武侠渊源的文章。罗老先生的行文，正如聂绀弩所说："惜墨如金金似水，我行我素我罗孚。"

我见到的第三位武侠小说家是温瑞安先生。他的代表作有《四大名捕》《杀人者唐斩》《布衣神相》《游侠纳兰》《说英雄谁是英雄》等。2013年9月27日，我曾有幸在中国现代文学馆见到温先生。他的作品《四大名捕》《布衣神相》我早年全部看过。在那天中国现代文学馆举办的"温瑞安手稿资料捐赠仪式"上，温先生讲了一段自己对"武侠"的理解。他认为"武侠"是中国人特有的一种文化："武是止戈，侠是明知不可为而为之。武侠就是要达到一个维持和平的力量。止戈为武，止戈就是停止干戈。以和为贵，只有和，人们才能稳定、奋扬、上进；遭受毁坏、破坏，战火蔓延的情况下，人们没法得到充分的发展。……武是一种手段，侠才是最重要的。只有武而没有侠，纯粹在暴力上让观众得到感官上的刺激，就是比较落伍的了。而侠呢？侠就是明知不可为，而义所当为者为之。……这个'义'本身就是礼仪、侠义、正义、情义、公益，而'义所当为之'，你觉得这件事情是要做的。例如有老人倒下，到底还扶不扶？在一些公共的场合里面，我们做了一些事情，帮了一些人，可能挨了一身打，甚至麻烦后来多的是，可是往后想没有后悔。两体结合，就是武侠的一个本意。这就是我写武侠时必须坚持寻求的意义。"

那天在会议中途，我抽空与温先生有过简单交流。我对温先生讲，金庸先生的武侠小说对我一生影响很大，甚至对我的世界观、价值观都产生了极大影响。他的武侠小说给了年少时的我一个大大的"武侠梦""江湖梦",这些作品让我知道作为一个中国人,要"忠、孝、信、诚",心中要有"礼、义、廉、耻",对家人、朋友要"有情有义",对社会要有一种"侠义情怀"。当我谈到这些时,温先生点头表示赞同。他讲他和他的武侠小说最早也是深受金庸影响。对于金庸先生,他给予了极高的评价:"他是集各家之大成。他在,武侠在。他把武侠小说写成了一种文学殿堂的境界,把武侠小说文学化,让武侠小说在教科书上都能看到。谢谢他的努力。""我与金庸先生是忘年之交,我自己曾在很多寂寞、辉煌灿烂的日子里,跟朋友谈起他的人、他的小说、他的机构,都充满了敬意和诚意。有时候,心里跟这位大我近30岁的长者很亲近,就像我父亲一样,在苦难的岁月中我会在心里低诉,就像书里的作者跟自己早就相知一般,但有时候却又不怎么服他,觉得他太多的约制与距离,忍不住要跟他冲撞、顶撞一下。"

因为还有众多记者、书迷在等着采访温先生,我不便再耽误他更多宝贵时间。当我与他握手告别时,我拜托他回到香港,如再见到金庸先生时,送上我这位金迷对老人的祝福。温先生笑着说:"一定!一定!"

临别之际,我问温瑞安先生,可否给我题写一句有关武侠的话。我记得当时他拿笔沉思了一下,然后运笔如飞,在我的册页上题写了"慕津锋使友 神州武侠不灭 温瑞安"。

2018年10月30日,金庸先生在香港悄然离世。他的离去,在华人世界产生了极大影响,很多武侠迷纷纷表达自己的哀痛之情,都说金庸先生的离去,标志着自己的"青春时代的结束"。对于生死,金大侠自己看得比较开,他曾说过:"人生就是大闹一场,然后悄然离去。"

我曾看过一个视频,金庸先生在一次接受采访时,主持人突然问他:"每个人都有自己的百年之后,在那个时候到来之前,我们大家能不能听到您的自我评价？"

金庸先生静静地听完这个问题，而后认真地回答道："百年之后，我现在快80岁了，到100岁不过才20年了，我写的那些武侠小说，有的武侠小说没有什么文学价值，但娱乐性很强，至少有3亿人看了之后，觉得很好看，是提供一种很好的娱乐，我最初的《书剑恩仇录》到现在有50年了，写了50年还有人在看，至少50年的价值还是有的，现在我希望，我希望百年之后，还有人看金庸小说。"

金庸先生离去后，我们更加感受到他的价值与影响。他的武侠作品影响早已跨越文本本身，成为一种现象、一种独属中国人的情怀。红学大师冯其庸这样评价金庸的作品："金庸小说的情节结构，是非常具有创造性的，我敢说，在古往今来的小说结构上，金庸达到了登峰造极的境界。"2004年当金庸在成都与90岁的"文坛常青树"马识途见面时，马识途特作诗《赠金庸》："凡有井水唱'三变'，今日到处说金庸。新声本自俚歌出，缪斯殿堂拜查翁。"金庸来蓉，轰动全城。席间有感，立就顺口溜一首，并书以求教。在随后的发言中，马识途更是提出倡议："有华人的地方就有金庸，这样的'金庸现象'，在文学上，在中国产生如此大的影响，四川作家应该从他的创作中得到何种启示？"马识途认为金庸的成功处，在于对中国历史、文化、传统、思想等各方面有深刻的表现和承载。

金庸先生去世后，我曾翻箱倒柜想找找自己有几本先生的著作，结果发现手边只有一套刚毕业时买过的盗版《神雕侠侣》，这实在有些对不起先生。自己写作之后，更深刻地理解了作家创作的不易，明白了盗版的危害。为了向先生致敬，我去买了一套完整的正版《金庸作品集》，整整齐齐地放在了我的办公室。闲暇时，我会拿起曾经读过的武侠小说再次细细品味。我发觉10多岁时读过的书，跟现在再读真的不一样了。那时读的只是热闹、新奇，而现在读的，感觉是人生、是历史，是一段段漫长的"征程"。

正如当年自己读《神雕侠侣》时，看到绝世剑客独孤求败去世前在剑冢石上留下的几句话，并没有什么太深的感触，只是觉得这位剑客名字很奇特，他的武功很高而已。等到不惑之年再读时，似乎读懂了一些蕴含其中的人生况味。

剑魔独孤求败既无敌于天下，乃埋剑于斯。

呜呼！群雄束手，长剑空利，不亦悲夫！

独孤求败，一生剑术已近绝顶，无敌于天下，何其幸矣。看他所用的几把剑，其实不正是人一生所要经历的不同境界吗？

第一柄剑：无名利剑，"凌厉刚猛，无坚不摧，弱冠前以之与河朔群雄争锋"。

第二把剑：紫薇软剑，"三十岁前所用，误伤义士不祥，悔恨无已，乃弃之深谷"。

第三口剑：玄铁重剑，"重剑无锋，大巧不工。四十岁前恃之横行天下"。

第四支剑：木剑，"四十岁后，不滞于物，草木竹石均可为剑。自此精修，渐进于无剑胜有剑之境。"

作为"武侠迷"，我非常遗憾没有见过金庸先生，但我确有幸走进过金庸先生一生最为看重的刊物中。自 2019 年 10 月到 2024 年 3 月，我在金庸先生创办的《明报月刊》上发表过几篇小文，这也算是与先生的另一种"交集"吧。《明报月刊》所坚持的办刊信条"独立、自由、宽容"承载了金庸先生的一种梦想，他认为：只有独立的意见，才有它的尊严和价值。在此原则下，只要是言之有物、言之有理的好文章，《明报月刊》都愿意刊登。也正因如此，创刊近半个世纪，《明报月刊》在世界华人中有着重要影响力。金庸先生将

"侠肝义胆"的情怀深深地植入了这本刊物。作为一名写作者，我也希望自己能像一位铁肩担道义的侠客，以笔为剑，"秉笔直书"，"仗义执言"，为历史留下一些有益的文字。

2024年3月10日，是金庸先生百岁诞辰。这一天的凌晨，在湖北襄阳古城墙上，有人用蜡烛摆出了"100侠之大者"的图案，他们用这种方式默默地向先生表达他们的敬意。因为是他，让襄阳这座古城在中国人心中有了一份特殊意义；因为是他，让大侠郭靖在这里践行了自己的誓言"侠之大者，为国为民"；因为是他，让这座古城成为国人心中一道难以逾越的长城。

金庸先生的武侠小说早已超越文学的范畴，其所塑造的人物早已深入人心。但先生却一直很谦虚，在20世纪60年代撰写的《一个"讲故事人"的自白》，他只是这样评价自己："我只是一个'讲故事人'（好比宋代的'说话人'，近代的'说书先生'）。我只求把故事讲得生动热闹……我自幼便爱读武侠小说，写这种小说，自己当作一种娱乐，自娱之余，复以娱人（当然也有金钱上的报酬）……"

正是这个善于讲故事的人，以自己的方式将"侠"一次又一次植根于无数中国人心中。对自己在书中所讲的"侠"，金庸先生有这样的解释："我推崇侠士，大侠。大侠的侠，不是为自己的权力，是为大众服务的，奋不顾身去主持正义的。"

我要感谢金庸、梁羽生、萧逸、罗孚、温瑞安、古龙等作家，是他们所创作的武侠小说让年少的我有机会走进一个充满瑰丽色彩的"童话世界"，在这个世界里"有武、有侠、有情、有义"；让我有机会看到我们这个国家、这个民族在历史上曾经历过的那些血雨腥风的历史事件、历史人物，让我在书中人物哭与笑、血与泪中领略到中华民族的文明和信仰。正是这种文明与信仰，支撑着我们这个民族，一直屹立在世界的东方。

前不久，我曾看到一幅金庸先生写给好友潘耀明的书法，让我很有感触：

> 看破、放下、自在。人我心，得失心，毁誉心，宠辱心，皆似过眼云烟，轻轻放下可也。

新派武侠小说作为中国当代文学花园中的一支，为中国文学的普及、中国传统文化的推广，做出了重要贡献。中国现代文学馆作为中国最大的现当代作家文学资料博物馆，武侠小说家一直也是我们关注的重点。2006年7月26日，"新派武侠小说开山鼻祖"梁羽生先生在悉尼将自己珍贵的手稿、书信、字画和藏书，以及楹联、翰墨、家具等无偿捐赠给中国现代文学馆。同年年底，中国现代文学馆专门成立了"梁羽生文库"，这也是文学馆目前唯一的一个武侠小说家文库。2009年5月，美国华裔武侠小说家萧逸先生，在北京向中国现代文学馆捐赠了其武侠文学资料。2013年9月27日，香港武侠小说家温瑞安在北京将其30余件与武侠有关的手稿捐赠给中国现代文学馆。三位武侠小说家捐赠的文物文献资料，对研究中国新派武侠小说创作具有很高价值。

只是甚为遗憾的是，因与金庸先生家属一直没有更好的沟通渠道，他的资料在文学馆极为稀少。这对于一个武侠迷和曾经做了24年征集人的我来说，甚为遗憾。

2024年3月27日，中国现代文学馆承办了中国作家协会主办的"金庸先生百年诞辰纪念座谈会"。希望以此为契机，我们能有机会让金庸先生的武侠小说文学资料同样走进中国现代文学馆这座丰富的宝库。

我期待着。

"一面之缘"的陈子善先生

在中国现代文学史料研究界，陈子善先生的大名，可谓是无人不知无人不晓。自 1978 年开始参加《鲁迅全集》的注释工作，子善先生先后编选了郁达夫文集，周作人的集外文，以及梁实秋、台静农、黎烈文、张爱玲、周越然、邵洵美、林以亮、桑简流、董桥、陈之藩等众多中国现代文学史上名家的作品……时至今日，子善先生在鲁迅、周作人、郁达夫、张爱玲等作家文献史料研究方面，在《新月》《论语》等重要现代文学期刊研究方面，都有着极高建树。他在国内外出版学术著作近百部，他的学术研究成果受到学界关注和认可。

子善先生对中国现代文学文献史料的研究，被海内外学界广泛关注。他被公认为具有国际影响的中国现代文学文献史料研究的一流专家。

就是这样一位著作等身、学术成果卓著的大学者，却异乎寻常地谦虚。子善先生常说自己：

"不是一个做大学问的人，不能提出大的理论建构，在宏观研究上缺乏兴趣，只能在微观研究上探索。

"宏观研究方面的饱学之士多得是，不缺我一个，而微观研究反而少有人肯做，那我就不妨来尝试一下。

"长年累月地下死功夫，多少总会有所斩获。"

正因"长年累月地下死功夫"，他几十年如一日，孜孜不倦地发掘着中国现代文学史上的失踪者——作家的佚稿、佚信、佚文，寻找着"通行的文学史著之遗落作"。他以这种方式，以他发现的第一手资料，开始还原中国现代"一些作家、作品的原貌"；以"另一种展现文学丰富性和叙述的多种可能性的方式"，从细微处开始重塑中国的现代文学史，正所谓"集腋成裘，功在文苑"。

子善老师曾谈及自己的研究："不是正经的学术论文，大都不符合学术规范，但我自信是有点学术的。最起码，它们是我的研究心得。它们发掘了一些重要作家的佚文，考订了一些鲜为人知的文坛史实，解决或部分解决了现当代文学史上的一些悬案或疑案。说得学术一点，它们是现当代文学史料学的微观研究和实证研究的一些实例。"

但正是这些"研究心得"其影响及意义同样不可小觑。正如《中国现代文学研究丛刊》在2018年第4期授予陈子善《〈呐喊〉版本新考》2017年年度优秀论文一等奖时所给予的评价那样：

> 论文以鲁迅《呐喊》初版、再版和三版为研究对象，考证了这部小说集最初三个版本的印数，及其与周氏兄弟失和、"新潮社文艺丛书"和"乌合丛书"的关系，并从这一新的角度力图一窥鲁迅当时的心态，不仅填补了《呐喊》版本史研究的一个空白，有助于学界进入历史精微的细部和作家的心态史，也在版本考证中呈现了可资借镜的方法论意义，对打破初版本神话有精妙的启迪性，从而也

为更完备地建构现代文学版本学提供了一个宝贵而精彩的个案。

我很早就听说过子善先生的大名，但一直没有机会相见。直至2017年8月6日，我才偶然结识这位大学者。那天，子善先生受邀来中国现代文学馆举行文学讲座，讲座的题目是《鲁迅〈呐喊〉出版经过新探》。我之前并不知道子善先生会来馆做讲座，真是错过了一场精彩的文学盛宴。

《鲁迅〈呐喊〉出版经过新探》后来以《〈呐喊〉版本新考》为名，发表在中国现代文学馆主编的《中国现代文学研究丛刊》2017年第8期。但就是这篇论文，后来却让子善先生大呼其"晚节不保"。原来，子善先生常戏称自己的论文从未得过任何奖，眼看即将70岁荣休，这纯洁的纪录本来保全有望，结果这篇文章却在2017年底被《中国现代文学研究丛刊》评为年度优秀论文一等奖。子善先生非常痛惜自己"折"在了北京。

8月6日上午，我在办公室照常看书、写文章。突然手机响了，我一看是好友小崔的电话，赶忙接听，问他有什么事。他说有件事想麻烦我一下，不知一会儿能否开车和他一起送陈子善先生到北京南站？小崔说，陈先生要赶2点多的高铁回上海。他怕打车会有问题。小崔是我的好友，他开口肯定是遇到难处了。我说没问题，再说我也很想结识一下子善先生。听我这么说，小崔便热情地邀请我中午和子善先生一起在食堂吃个便饭。

这机会太难得了，能与这位学术大师见面，实在是我的荣幸。

中午12点，我准时来到餐厅。此时，小崔、傅光明老师和子善先生已坐在餐厅。我忙走上前，向他们分别打招呼。子善先生有些清瘦，对人很和善，看上去完全没有架子，给人的感觉很舒服。

在餐叙中，我和小崔主要陪吃，光明老师负责和子善先生天南海北地聊天。他们的话题既有文坛掌故，又有漫游欧洲的往事。子善先生很幽默，也很爱笑，常常讲到什么有趣的事，他就会发出爽朗的笑声。听得出来，子善先生对欧洲古典音乐十分感兴趣。他每到欧洲，必会到那些古典音乐的老店买一些黑胶片来听。子善先生知识非常广博，听他聊天实在是种享受。

因为要赶高铁，那顿饭子善先生吃得时间并不长。很快，我们便驱车前往北京南站。刚坐上车，子善先生就非常客气地感谢我这位"壮丁司机"。我笑着对他说："陈老师，今天能当您的司机是我的荣幸。您的大名我早已是如雷贯耳，就是没机会见面。我自己平时也做一些馆藏史料研究，我很喜欢看您的文章，常让我受益匪浅。"

"慕先生过奖了，我们可以互相切磋。文学馆有那么多宝贝，你们这些守宝人看到的几乎都是第一手资料。这些资料足够你们研究很多年。但研究史料是一个细活，有时还是一个别人看来的脏活、累活，年轻人要想有所发展一定要有吃苦精神，要能坐得住、吃得苦，我们是在故纸堆中找宝贝。"坐在后排的子善先生颇有感触地跟我讲。

"是的，陈老师。做史料研究，首先要受得了几十年的尘与土。"我很同意子善先生的观点。

这时，坐在副驾的小崔适时地向子善先生推荐了我："陈老师，我这位同事一直在做馆藏师陀资料研究工作，最近他就有了一个大的发现。"

听到这儿，子善先生来了兴致，忙问："慕先生，你最近有什么新发现？我愿闻其详。"

"陈老师，如果不耽误您的休息时间，我真的很想跟您谈谈我的一些史料发现。是这样的，今年5月，我在中国现代文学馆手稿库整理资料时，偶然发现一部无名手稿。这部手稿用蓝黑色钢笔书写在'开明B20×20'的稿纸上。该稿没有文章标题，没有落款时间和作者署名。从章节上看，只有第十、十一、十二、十三章，这明显是一部残稿。

"通过阅读，我发现这四章每一章都很完整，而且内容连贯、情节衔接顺畅，结构合理，应属一部作品。第十章讲述了杜渊若、胡天雄、李文多等被国民党当局关进监狱后，在狱中斗争的相关情况；第十一章则讲述了杜兰若如何在家中接待连夜从乡下赶来的董瑞莲（弟弟杜渊若女友）的母亲董太太，及杜兰若、董太太在医院看到已经死去的董瑞莲的相关场景；第十二章讲述了杜渊若等学生被当局无罪释放后或回家或回学校，而此时姐姐杜兰若则陪着董太太为死去的瑞莲发丧，以及在将瑞莲运回农村下葬时董太太的悲伤举动；第十三章在仅有的两页手稿中讲述了杜渊若回到家中，与保姆李妈谈论家中这几天情况。

"在该手稿第十章第1页右上角和第十一章第1页右上角，我看到作者分别写的那两句话结尾各有一个'焚'、一个'芦'，合起来正好是'芦焚'。'芦焚'，我推测应该是作者的名字。我就通过查阅资料，发现'芦焚'是作者师陀最早的一个笔名。在翻阅《师陀全集》时，我看到《师陀全集续编·补佚篇》中有两篇名为《争斗》和《雪原》的小说，这两篇小说中出现的人物就有在这四章手稿中的杜渊若、胡天雄、李文多、杜兰若、瑞莲、瑞莲的母亲董太太、保姆李妈等故事人物。"

"慕先生，没想到你对这些资料这么清楚，到现在都还能记得。"子善先生突然插话道，"你继续讲，希望没打断你。"

我笑了笑，简单地理了一下思路，便继续讲述："通过该手稿与《师陀全集续编·补佚篇》中的《争斗》《雪原》内容对比，我发现：除手稿第十章与《争斗》第九章在内容上几乎一致外，手稿第十一、十二、十三章在《争斗》《雪原》中都未出现。

"《雪原》是一部已被证明完整发表了的作品，而《争斗》却是一部只发表到第九章的未完稿。其中手稿第十一、十二、十三章中分别提到的'瑞莲的死''杜渊若被捕后出狱''瑞莲的母亲董太太进城'等情节，在小说《雪原》中几乎或完全没有体现，但在《争斗》的前几章都有所提示或铺垫。

"这四章手稿，我认为应是紧随《争斗》第九章之后，为小说《争斗》的结尾部分。它们起到了结束《争斗》、开启《雪原》的作用。

"我猜测这应该是师陀在创作《争斗》时，不知为什么遗漏下的手稿。但因为师陀先生晚年一直说这部小说自己确实没有创作完成，这也导致后来的研究者一致认为《争斗》是师陀未创作完成的小说。但根据我所看到的这四章手稿，《争斗》应是一部当年就已创作完成的完整稿。"

我是边开车边讲述，子善先生则是边坐车边饶有兴致地听我说。我啰啰唆唆讲了一大堆，坐在后排的子善先生没有丝毫烦躁。最后，他很认可我的这个史料发现，"慕先生，你的这个发现很有意义。师陀先生一直是被现当代文学史忽视的一个作家，美国的夏志清先生对他却有较高评价。我上世纪 80 年代认识这位老人。从你的发掘来看，这确实很奇怪，明明已经创作完成的稿子，竟然没有发表，这确实说不过去。你这次的发现，刚好能弥补中国现代文学史关于一个作家的一个空白，而且这个空白还是有些大的空白。"

"谢谢您，陈老师。有您这样的鼓励，我想我会继续沿着这条路走下去。我本人对研究文学史料很有兴趣，虽然这个工作看似有些枯燥，但钻进去之后，我能找到属于自己的快乐与满足。我们馆有 70 多万件馆藏资料，这些足够我研究一生的了。"

子善先生对我的这个"研究史料的快乐与满足"观点表示赞同，他谈到自己曾在华东师范大学图书馆工作过 8 年。那 8 年，对他的史料研究来说，其实至关重要。

"那时候，我的心态十分平静，能够集中精力，不被打扰地埋头在旧报刊中。常常一看就是一天。"

子善先生所说，研究者要在研究史料时"心态平静""集中精力"，我很有感触。研究者只有有了这种精神，才可能在面朝历史的过去时，在浩如烟海的资料中"披沙拣金"。同时，做史料学问的人在面对史料时，还要具备一种紧迫感、一种使命感，要有担心"那些资料不去看就会消失的"的压力。否则，有些东西老是出不来也不行。

在大家简短的沉默后，子善先生笑着问我："慕先生，那你做完这个史料研究后，下一步打算做什么？"

面对子善先生的提问，我稍微思考了一下，"陈老师，我想我还是会主要以师陀研究为主。师陀先生晚年把他大部分资料都捐赠给了我们中国现代文学馆，这些珍贵资料其实对于研究师陀极有帮助。正如您刚才所说，夏志清先生在《中国现代小说史》中对师陀先生有过较高评价，而且他认为师陀先生的长篇小说《结婚》'在现代中国小说史中是罕有其匹的'，同时巴金先生也认为师陀是'难得的文章家'，卞之琳也称师陀是'天生的小说家'。这样一位作家一直被人忽视，我也觉得很奇怪。我很想好好看看他的作品，专心做一些有关他的研究工作。我们馆藏中有很多他的无名稿，我很想把它们都尽可能地整理出来。《争斗》残稿就是这样出来的，我觉得还有一些宝贝可以挖掘出来。我希望自己能为这位作家在文学史多留下一些作品。

"在文学馆工作，岁月悠长，我有充足的时间做研究，而且现在的领导也很重视这方面的工作，我很想能做出些成绩来。"

子善先生对我的这个计划表示赞许："文学馆确实是个宝库，你们要好好珍惜。做史料研究，我一直认为：经典作家的经典作品，直到现在都还没有研究完，还有许多工作等待着史料工作者慢慢发掘。更何况那些目前没有被列为经典作家的作家，他们的作品、他们的世界更为广阔。史料研究工作，大有可为呀！"

时间总是那么短暂，不知不觉，北京南站已在眼前。可我好像还有许多话没说、许多问题没来得及问呢。眼看时间不多，我赶紧向子善先生提了最后一个问题。我知道他人脉广，很多老作家或者家属他都可能有联系。

"陈老师，有件事我想麻烦您一下。"

"你说，只要我能办到的，我一定会尽力。"子善先生爽快地回答了我。

"我很想能联系上师陀先生的家属，我知道师陀先生的夫人还在上海，儿子在美国纽约。我想如果以后有可能，希望他们能给我一个授权书，同意我做馆藏师陀先生资料的研究，如果佚稿能再次发掘出来，我很希望他们能同意我馆以合适的方式出版。如果没有家属授权，有些研究即使做完了，在发表上还是会有问题。您也知道，现在大家都很重视知识产权的，报社、杂志社、出版社在这方面都有相对严格的要求。"

听我说完，子善先生想了想，"我回去给你查查，因为我自己和他们没有什么联系。我可以帮你问问。对了，小慕，以后你有合适的稿子也可以给我们《现代中文学刊》，我们这个刊物对史料研究的稿子很重视，希望你以后多支持我们刊物，我们稿费不高，你别介意。"

听子善先生这么说，我简直受宠若惊，连忙谢道："一定，一定。我一定会好好写，等有了合适的稿子，我会请您审阅。"

很快，我们抵达北京南站。因子善先生赶时间，我们便直接开上二楼。车停好后，在入口处，我、小崔与子善先生握手告别。子善先生握着我的手，鼓励我："你史料研究的路子是对的，继续走下去，一定会有成绩的。"

这是我和子善先生第一次见面。他的鼓励，我到现在都记忆犹新。一眨眼，两年过去了，我一直还在努力地做着自己喜欢的馆藏史料研究工作。

在小崔的帮助下，我和子善先生很快便有了微信及邮件往来。子善先生有时会问我有没有新作，如果有，可以发给他看看。我一直觉得自己写的文章还是不太好，一直不敢拿出来给子善先生审阅。直到去年，我终于把两篇自己认为写得还不错的文章发给了子善先生。一篇是有关新发现的 6 页师陀散文手稿，另一篇是有关周作人先生的佚信。

很快，子善先生审阅后，觉得两篇文章整体不错，虽仍有一些地方需要加以修改，但他认为瑕不掩瑜，可以发表。我没想到，这样一位大师会对我这样一位新人的文章如此认真地审阅，并给予肯定。

当我认真地修改完文章并再次发送后，子善先生很快便在微信中告诉我：

文章可用，请耐心等候。

《现代中文学刊》2019 年第 6 期（总第 63 期）刊发了我的《新发现的六页师陀散文》一文。2019 年是子善先生编辑《现代中文学刊》的第十个年头，而且就在这一年，《现代中文学刊》顺利进入核心期刊系列。核心期刊的重要性，对文学研究者而言不言自明，多少人想在这样的刊物上发表文章。我这样一个新兵能有如此的荣幸，真不知该如何表达我的激动之情。我从内心非常感谢子善先生对我的提携与关照，这也更加坚定了我的研究之路。

也许我一生都做不出多大的成绩，但如果我能为中国现当代文学史添上一块小砖，加上一片小瓦，我想我便已非常知足了。

我看过一篇有关子善先生的文章，文中说子善先生常常告诫年轻研究者一段话：

> 第二等的天资，老老实实做第二等的工作，可能产生第一流的成果。
>
> 如果第二等的天资，做第一等的工作，很可能第三等的成果也出不来。

这句话让我很有感触。我想我会一辈子"老老实实"地去做史料研究工作。虽然这项工作在别人看来，是一件"脏活""累活""苦活"，但我却在这种"脏"与"累"中，"苦中作乐"，因为它能让我感到快乐与充实。

（《封面新闻》，2021 年 1 月 26 日）